Das Buch

»Wenn einer ein großartiger Klavierspieler ist, dann können Sie das ganze Zimmer, in dem er mit dem Klavier sitzt, ausräumen, voll Staub machen und ihn mit Wassereimern bearbeiten, der bleibt halt sitzen und spielt. Und wenn das Haus über ihm zusammenbricht, wird er weiterspielen, und beim Schreiben ist es dasselbe ...«
Thomas Bernhard hat sein Leben und seine Arbeit stets vor dem Zugriff der Medien und der sogenannten Öffentlichkeit zu schützen versucht. Mit Kurt Hofmann, Redakteur beim ORF, war er jedoch bereit, in Ottnang und auf seinem Bauernhof in Ohlsdorf Gespräche zu führen. Sie fanden zwischen 1981 und 1988 statt und sind durch Bernhards Tod so etwas wie sein autobiographisches Vermächtnis geworden. Es zeigt »einen der wenigen bedeutenden deutschsprachigen Autoren am Ende seines Schreibens. Er war, mit dem Titel eines seiner Stücke, ›Am Ziel‹.« (Der Spiegel)

Die Gesprächspartner

Thomas Bernhard wurde am 9. Februar 1931 in Heerlen (Niederlande) geboren. Nach Lungenkrankheit und längeren Sanatorienaufenthalten Besuch der Hochschule für Musik und darstellende Kunst in Wien und Salzburg. Journalistische Tätigkeit. Von 1957 an freier Schriftsteller. Lebte, abgesehen von mehreren Auslandsaufenthalten, in Ohlsdorf, Ottnang und Wien. Er starb am 12. Februar 1989 in Gmunden.

Kurt Hofmann, geboren am 1. Juli 1954 in Hüttenberg/Kärnten, ist seit 1980 Redakteur im ORF-Landesstudio Salzburg. Zahlreiche Interviews (u. a. in ›Der Spiegel‹, ›Die Zeit‹, ›Le Nouvel Observateur‹, ›La Repubblica‹) mit verschiedenen Persönlichkeiten aus Kunst und Kultur: von H. C. Artmann bis Felix Mitterer, von Francisco Araiza bis Gisela May, von Helmut Berger bis Erika Pluhar. Weitere Buchveröffentlichung: ›Friedrich Gulda. Aus Gesprächen mit Kurt Hofmann‹ (1990).

Kurt Hofmann:
Aus Gesprächen mit Thomas Bernhard

Mit Fotos von Sepp Dreissinger
und Emil Fabjan

Deutscher
Taschenbuch
Verlag

Von Thomas Bernhard
sind im Deutschen Taschenbuch Verlag erschienen:
Die Ursache (1299)
Der Keller (1426)
Der Atem (1610)
Die Kälte (10307)
Ein Kind (10385)

Erweiterte Ausgabe
Januar 1991
Deutscher Taschenbuch Verlag GmbH & Co. KG,
München
© 1988 Löcker Verlag, Wien
ISBN 3-85409-119-2
Die Rechte für den Beitrag ›‚Ich bin nur mehr kurz da.'
Thomas Bernhard in seinem letzten Gespräch‹ (S. 133) liegen bei
Kurt Hofmann.
Umschlaggestaltung: Celestino Piatti
Umschlagfoto: Sepp Dreissinger
Gesamtherstellung: C. H. Beck'sche Buchdruckerei,
Nördlingen
Printed in Germany · ISBN 3-423-11356-1

Inhalt

Vorbemerkung 7
Wie ein völlig verschmutzter Teppich 9
Bis einem Hören und Sehen vergeht 20
In einem Kloster für gefallene Mädchen 36
Flucht zum Menschen 42
Eine katholische Existenz 53
Es ändert sich kein Mensch 64
Der Verleger verlegt ja alles 74
Das Theater als Sumpfverein 79
Ich beschimpfe überhaupt niemanden 93
Papiermaschinen sind grausam 106
Ratten, Mäuse und Tagelöhner 110
Wie sich das Angenehme mit dem
  Unangenehmen verbündet 126
Der Magus des Nordens oder der Idiot
  des Südens 129
Eine gähnende Leere 131

»Ich bin nur mehr kurz da.« Thomas
  Bernhard in seinem letzten Gespräch 133

Personenverzeichnis 153

Das Buch entstand unter Mithilfe von
Dr. Peter Bönsch, Salzburg
Sepp Dreissinger, Wien
Emil Fabjan, Salzburg
Lothar Gesek, Wien
René Seegers, Amsterdam
Gudrun Wind, Salzburg
Werner Wögerbauer, Paris

Vorbemerkung

Thomas Bernhard gab kaum Interviews; konsequent verteidigte er sich und seine Arbeit, sein Leben und seine Lebensumstände gegen den Zugriff der Medien, gegen die Vereinnahmung durch die sogenannte Öffentlichkeit.

Mit Kurt Hofmann war er bereit, Gespräche zu führen, die zwischen 1981 und 1988 in Ohlsdorf und Ottnang stattfanden. Die Offenheit, mit der Thomas Bernhard die vorbereiteten Fragen beantwortete, entspricht in gewisser Weise einem Satz von Montaigne, auf den er sich in seinem Prosawerk wiederholt beruft: »Ich bin begierig, mich erkennen zu lassen, in welchem Maße, ist mir gleichgültig, wenn es nur wirklich geschieht.«

Mit seiner Zustimmung wurde ein Teil der aufgezeichneten Gespräche im Rundfunk gesendet und eine Veröffentlichung in Buchform geplant. Nach Themen geordnet und ergänzt durch zahlreiche Fotos entstand der vorliegende Band.

Wie ein völlig verschmutzter Teppich

Man kann ja nicht alles aufzählen; ein Leben kann man ja nicht einfach so ausbreiten. Wenn Sie Ihr Leben ausbreiten, dann können Sie's ausbeutln wie einen völlig verschmutzten Teppich, dann würden Sie sich auch bedanken, wenn ich Ihnen den ins Gesicht beutl. Und so ungefähr wäre es, wenn jemand sein Leben, gleich welches, vor Ihnen ausbeutelt. Dann würden Sie einen Hustenanfall kriegen und schon nach einer kurzen Zeit davonrennen.

Ich habe im Kaffeehaus in Wien so einen Auftritt gehabt. Ich geh' dorthin, damit ich meine Ruh' hab' und zum Zeitunglesen, und dann stürzen Leute her und reden von einem Buch, das ich vor zweiundzwanzig Jahren geschrieben habe, das ist doch alles unmöglich, ich weiß doch gar nicht mehr, was da drinnen steht. Und wenn man sagt, »ich will mit Ihnen nicht reden«, das nehmen's gar nicht zur Kenntnis. Die bleiben sitzen. Bis man dann sagt, »Sie sagen einen Unsinn«, dann sagen sie, »wenn wer da Unsinn redet, dann sind Sie das«. Was soll man da machen. Dann kommt der Nächste von einer Ausstellung und sagt, »darf ich Sie stören – ich habe Ihnen einmal geschrieben wegen einem Vorwort«, aber ich bin doch kein Vorwortschreiber, dann kommt's zum Streit, und dann geht man hinaus, dann wird einem nach Wochen berichtet, daß der Ober hinter einem g'sagt hat, »den haben wir los, der kommt sicher nicht mehr«. Wo ich dreißig Jahr' hingeh', statt daß einen die abschirmen von den Leuten, sind s' dann noch frech. Der, der aus Verzweiflung hinausrennt, wird nachher noch betitelt: »den hab'n wir los jetzt«.

Erstens werden S' angefeindet überall, das muß man ja auch alles aushalten. Dann stellen s' mich als arrogant und schaurig, als schaurige Figur dar, das müssen S' alles aushalten. Ich bin ja nicht der Peter Alexander, daß ich mich da anbiedere.

Ich geh' zum Eckl essen in Wien, da geh' ich schon fünfunddreißig Jahre hin, also länger als die Scheußlichkeiten, die jetzt alle hinrennen, weil das bei mir in der Nähe ist. Der Bundeskanzler geht da manchmal hin. Ich red' doch mit diesen Leuten nicht – »einmalig, ich werd' Sie das nächste Mal einladen« – dann sagt man, »na hoffentlich nicht«. Schrecklich, wenn diese Leute da so herkommen. Das wird alles so vermischt, das wässert sich alles auf, das kann man doch mit mir nicht machen.

Es gibt Leute, ausdauernde, die verstehen und hören gar nichts. Die werden sofort frech, die werden ja auch dann frech, wenn man nicht aufmacht, dann hauen sie mit diesem Schwengel gegen die Tür, so wie wenn s' das zusammenhaun wollten aus Wut, und die Nachbarn sagen, »der ist da«.

In Wien bin ich ja anonym. Da brauch' ich nicht das Telefon abheben, zum Beispiel, und es ist immer so, wenn man jemanden erwartet, dann ist es eh wer anderer, das ist immer ein Teufelskreis. Aber andererseits gehört das ja alles dazu. Wenn das alles anders wär', als es ist, dann wär' ich ja nicht so schnell wieder da. Ich bin doch kein Mensch, der sich einsperrt und für sich ist, schläft und verblödet dabei. Es darf doch kein Mensch sich einsperren und alles zumachen, aber wenn ich aufmach', kommen s' herein. Da kommen dann die Leute her und glauben, es ist ihr Besitz. Wie bei einer Giraffe, die kann man anschauen, die ist öffentlich zugänglich.

Wie sollen Menschen Ihnen angenehm sein, die nichts wissen von Ihnen und dann dasitzen und Sie anstarren, das hat nicht die Qualität, nur – was ist schon angenehm? Es ist ja auch falsch, wenn man mit irgend etwas rechnet, das ist ja auch schon falsch. Dann kann man ja gleich in jeder Ehe bleiben, so etwas mag ich ja auch nicht.

Ein jeder Mensch will gleichzeitig teilnehmen und gleichzeitig in Ruhe gelassen sein. Und da das eigentlich nicht möglich ist, beides, ist man immer in einem Konflikt. Man macht hier die Tür zu, um wieder allein zu sein, in dem Moment, wo man die Tür zumacht, ist einem gleichzeitig auch bewußt, daß es falsch, daß es wieder eine falsche Handlung ist, weil man es im Grund nicht will; weil man erstens einmal weiß, daß das Alleinsein viel unangenehmer ist, aber andererseits können S' nix machen. Mit einer Frau zusammen können S' ja nicht Bücher schreiben, oder halt blöde, letzten Endes, das geht ja net. Und mit einem Mann z'samm', der geht Ihnen auch auf die Nerven, weil das auch nix anderes ist, also das Zusammensein, das ist alles sehr kritisch und schwierig.

Es gibt da ja die groteskesten Sachen. Da war einmal vor zwölf oder fünfzehn Jahren mit dem Peter Hamm, der war damals ein ganz lieber Kerl, da war er mit der Koch gerade in höchster... Und dann ist der mit dieser Koch da einmal erschienen, mit'm Pelzmanterl, die Mimin, Sauferei, Tonband und stundenlang. Und dann hat der das abtippen lassen, ich glaub', sogar irgendein Verlag war da beteiligt, und dann war das sowas Dickes von dieser Nacht, und dann hab' ich natürlich gesagt, das kommt überhaupt nicht in Frage, das ist doch unmöglich, da von dieser Sauferei, da kann man doch nicht ein Buch draus machen. Dann war er bös'. Seither ist da nichts mehr. Er hat sicher Ausgaben g'habt und war wochenlang damit beschäftigt, aber da muß man halt nein sagen.

Man weiß ja selber, was für einen Blödsinn man manchmal zusammenredet, es kommt auf die Umstände an, und jeder Mensch hat ja seine peinlichen und scheußlichen Seiten, warum soll das ... Ich verberge ja nichts. Das einzige, was mich stört, sind Wörter, gedruckt, die ich nie in den Mund nehme. Weil ich gewisse Sachen, gewisse Wörter halt nicht sag'. Dem Sinn nach kann das schon sein, daß ich das g'sagt hab', aber ich werd' ja nicht so dumm sein und sagen, daß ich das nicht g'sagt hab', wenn ich's g'sagt hab'.

Ich verberge nichts, ich will nichts, ich will mich weder zurechtmalen, noch schön, noch schiach. Das bleibt jedem selbst überlassen. Die Pfanne bleibt jedem offen und das Fett, das man hineinschmeißt in die Pfanne, und dann noch, was das Würstel ist, das kann man ja nicht verhindern. Und wenn man sagt, mir ist das wurscht, die Wurscht, dann ist es eben wurscht.

Ich kann Ihnen sagen, was da alles geschieht, da müßten Sie ja dauernd Detektive haben und andauernd prozessieren. Da ist ja jetzt zum Beispiel erschienen, anscheinend zu dieser Aufführung spanischer Stücke, meiner Stücke halt, und da ist ein Vorwort drinnen, da steht »Lampersberg« – lauter Blödsinn, ich weiß nicht, wo der das her hat, der Übersetzer – und Gutshof und Schloß, es ist dort weder ein Gutshof noch ein Schloß noch sonst was, und er ein Edelmann, da kann ich ja nur lachen, und dann steht noch Homosexualbeziehung. Ich mein', das ist ja ganz witzig!

Das war eine Episode, die aber völlig falsch ...

die Leute haben ja keine Ahnung, ich hab' doch mit dem gar nichts, mich geht der doch gar nichts an. Den hab' ich übrigens gesehen vorige Woche in Wien, mit so einem weißen Hoserl und so, das ist doch ein armer Narr, ich kenn' auch dieses Lampersberg-Bücherl nicht. Aber wenn wir hier ein Buch über Lorca veröffentlichen, dann nimmt man das natürlich auch für bare Münze in Andalusien, kein Mensch prüft da nach, und das ist wahrscheinlich genauso ein Blödsinn. Da steht dann dauernd ununterbrochen ein falscher Blödsinn überall. Aber das ist immerhin ein Mann, der das seit zehn Jahren übersetzt, und der Verlag schickt dem wahrscheinlich so Zeitungsausschnitte, und dann bastelt der so was zusammen und kriegt halt ein paar Zehntausend Peseten dafür.

Oder dieser ... im Grunde, dieser sogenannte Leiter ... also Theater und so, der ist nach Frankreich und hat jetzt dort einen Verlag selber gemacht. Und der schreibt: »Das erste Buch, das ich gemacht habe, ist Ihres«, und ich mach' das auf, und dann ist schon mein Name falsch geschrieben, gedruckt, also ich mein' ... und der Mann schickt das mir, der hat wahrscheinlich nicht einmal hineing'schaut, wie das gesetzt worden ist, daß »Bernhardt« mit »dt« geschrieben worden ist, das ist doch alles unmöglich, was sind denn das für Leut'? Das kann man doch nur nehmen und weghauen. Der wird sich wundern, daß er von mir nichts mehr hört. Und was sollt' ich denn jetzt hinschreiben – »witzig, Ihr Büchlein kam und ich hab' gar nicht gewußt, daß ich so heiß'« – das hat doch alles gar keinen Sinn, man hat's mit lauter Idioten zu tun.

Da schicken dann Leute Bücher oder schmeißen Bücher beim Fenster rein, »für Sie«, »an Sie«, »über Sie«, da blättert man dann nach, da muß doch irgendein Bezug sein, und prompt ... Mich berührt das wirklich nicht, mir macht das eher einen kleinen Spaß, mit der leisen Angst da hinten, daß da nichts entsteht, denn antworten kann man ja nicht, sonst kommt man in einen Strudel hinein. Eine Antwort bedeutet ja eine Wiederkehr, und das endet dann sowieso einmal grauenhaft. Also kann man sich das alles nicht anfangen, und so wird das alles weggeschmissen. Alle Bücher mit Rückantwort schmeiß' ich in den Müll, das können S' bei mir alles in meinem Müll finden. So findet man meine Werke dann wieder da draußen in der Tonne.

In Wien, da läutet dann um elf Uhr in der Nacht das Telefon. »Sind Sie der Schriftsteller Thomas Bernhard?« Sag' ich: »Nein, der ist nicht da.« Ich will aber die Nummer nicht ändern, weil fünfunddreißig Jahre war die immer so. Das ist mir unangenehm, und da hab' ich übersehen, daß die nach meiner Tante – das war ja auf ihren Namen angemeldet, und da hab' ich übersehen, daß das einfach so automatisch gegangen ist. Da stehen aber zwei Thomas Bernhard hintereinander im Telefonbuch.

Da hab' ich die Kraft, das muß ich wirklich sagen, daß ich in Wien – tagelang hör' ich's da läuten und geh' nicht hin. Also wirklich tagelang. Das bring' ich schon zusammen. Wenn die wüßten, ich bin eh da und geh' nicht hin, die würden mich umbringen. In Wien, da bin ich ausgeliefert, irgendwie. Aber hier auch, und vor allem am Wochenende. Da müßt' man sich einsperren, und dann rennen s' da rundherum und klopfen an die Fenster und Türen. Da fahr' ich halt vorher weg.

Da müssen Sie sich dann anschreien lassen auf der Straßen, »Sie werden schon noch sehen, wie weit Sie kommen« und so. Andererseits, wenn man was veröffentlicht, muß man sich natürlich vergegenwärtigen, daß man das ja nicht regulieren kann. Wär' ja tragisch. Das spiegelt genau wider, wie alles ist. Da kann man nichts machen, es besteht eh alles aus Mißverständnissen. Und das Anpinkeln, das wird man im Lauf der Jahrzehnte auch gewohnt. Na ja, man bietet sich als Baum wahrscheinlich an. Da kommen halt die Hunderln und machen hin. Aber es ist noch kein angepinkelter Baum eingegangen.

Ja, und dann denk' ich mir, es ist fürchterlich, aber man braucht, man muß – Kontakte muß man haben. Es geht nicht anders, aber es können nicht wenig genug sein. Und so strickt jeder an seinem

Lebenspullover, der eine macht mehr Herzerln hinein und der andere weniger, mit mehr Laufmaschen oder weniger, und am Ende ist das alles filzig und viel zu eng und hat Löcher, und bis man fertig ist, ist die Vorderseite schon von den Mäusen und Motten angefressen, das Prunkstück ist schon hin, bevor's fertig ist, und der Herrgott sagt dann »paßt!«.

Wenn man lange allein ist, wenn man sich an das Alleinsein gewöhnt hat, wenn man im Alleinsein geschult ist, entdeckt man überall dort, wo für andere Menschen nichts ist, immer mehr.

Ich halte momentan niemanden aus. Und allein die Idee, daß da dann jemand herkommt ... Grrrrrrrr, das ist doch grauenhaft, das hält man ja nicht aus – »da müssen Sie dabei sein« – gar nirgends muß man, nirgends und nichts.

Ich habe überhaupt noch nie ein Interview gegeben, ich hab' höchstens mit Leuten geredet, und die haben dann zusammengeschustert, was sie wollten, weil ich immer gesagt hab': »Es ist mir gleich, was Sie machen.« Da kommen natürlich oft Sachen heraus, weil jeder mangelt das dann ja so, wie er will. So kann man dutzenderlei Bernhards draus machen. Sie können einen dramatischen, einen tragischen, einen verlogenen, einen widerlichen, ein lustigen, wie's Ihnen paßt, draus machen. Das stell' ich ja jedem frei. Aber, wenn da wer fragt und ich antworte, so geht das nicht. Was mich ärgert, sind Wörter, die dann da vorkommen, die ich in meinem Leben nie gesagt hab'. Aber dann müßte man halt wieder prozessieren. Leute, die ein Gespräch führen wollen, die sind mir sowieso schon verdächtig, weil das erhebt ja schon einen Anspruch, einen gewissen, den erfüllen die Leute ja nicht. Sehr gut reden kann man mit einfachen Leuten. Dort, wo das Miteinander-Reden zum Gespräch gemacht werden soll, wird es schon grauenhaft.

Es wäre interessant, daß, wenn jemand eine Frage stellt – und das wär' für den, der fragt, natürlich sehr interessant –, daß er zehn Schilling hineinwirft und um eine Million kommt unten etwas heraus. Bei mir ist es eher so, daß man oben hundert Schilling hineinwirft und fünfzig Groschen kommen dann unten heraus. Das ist die Diskrepanz. Die macht den Interviewer nervös, oder er bleibt unbefriedigt, aber ich kann nicht anders. Die Antwort, wenn's dazu kommt, ist meistens weniger wert als die Frage. Und das geht natürlich auch gegen Sie im Grunde, aber auf meine Art halt. Es bleibt mir ja keine andere übrig.

Normalerweise stellt man ja so Fragen: »Meinen Sie das ehrlich, was Sie sagen, oder nicht?« und so weiter. Oder: »Schreiben Sie in der Früh' mehr als am Abend?« und alle diese Dinge. Das wird alles hineingeschmissen oben. Und einmal dreht der und dann dreht der andere. Es kommt eine unerträglich stinkende Wurscht unten heraus. Ganz gleich, wer das ist. Es gibt ja gesammelte Gespräche zu Hunderten, Bänden. Da leben ja ganze Verlage davon. Wie aus einem After kommt das heraus, und das Ganze zwischen Buchdeckeln. Da wird's hineingeklatscht.

Ich meine, eine Wichtigkeit oder ein Wert entsteht nur dadurch, wie etwas aufgenommen wird. Im Echo. Wenn's keines hat, hat's auch keinen Wert. Ihre Gefühle haben auch keinen Wert, wenn sie in Ihnen drinnen bleiben. Und Ihr Protest nützt auch nichts, wenn ihn niemand hört, denn dann würden Sie selber daran ersticken und daran zugrundegehen. Das hat auch keinen Sinn. Also laufen Sie aus ihrem Haus heraus und teilen Ihren Protest mit. Und die Reaktion ist dann wichtig. Entweder man sagt, der ist verrückt oder der gehört eingesperrt, irgendein Echo ist ja dann da. Oder man schüttelt den Kopf. Ich bin nicht ergiebig. Das ist es.

Bis einem Hören und Sehen vergeht

Ich schreibe ja wochenlang gar nichts. Monate, Jahre. Auf einmal ist wieder irgendwas da. Da schau' ich dann in die Schublade hinein, in mein Schatzkästlein. Ich tu' ja sonst nichts, da mach' ich so ein kleines Panzerschränklein auf, und da ist wieder ein Manuskript drin. Irgendwie wachst sich wieder was zusammen. Solange die Leute quietschvergnügt herumrennen, ist es auch nicht interessant, über sie zu schreiben. Was soll man schreiben? Vor allem, weil es ja sowieso nicht stimmt, was man über wen schreibt. Ganz wurscht, wenn Sie noch so authentisch irgendeine Wahrheit über wen schreiben oder das glauben, das ist auf jeden Fall grundfalsch. Das ist ja nur Ihre Betrachtung in dieser Stimmung, in der Sie schreiben. Die kann eine halbe Stunde nachher schon völlig anders sein. Dann kommt noch der dazu, der das liest, der sieht das wieder völlig anders. Also was sind das für Personen, die da herumrennen? Die haben ja mit der Wirklichkeit eh nichts zu tun. Darum fühlen sie sich ja auch alle verfälscht. Der Thomas Mann oder irgendwelche Leute haben ja immer geschrieben über Leute, die noch existierten. Die haben sich nur beschwert, weil sie mit den dargestellten Figuren nichts zu tun hatten. Über die Leute, die noch leben, und ich schreib' über sie, diese Begegnungen sind dreißig Jahr' alt oder noch älter, das berührt mich gar nicht. Das ist so, wie wenn ich irgendeinem Stein begegne. Oder einem Kälbl im Stall. Das berührt mich eigentlich auch nicht. Das weiß ich ja nicht, was die Wahrheit ist, das weiß man ja selbst nicht. Vor allem ist das eine Sache, die ist, wie sie ist und die man dann beschreibt, das sind ja zwei. Auch wenn Sie den Drang oder die Manie haben, jetzt hundertprozentig die Wahrheit zu schreiben, gelingt es Ihnen nicht, weil Sie müßten die Wirklichkeit auf's Papier klatschen können, das geht nicht. In dem Moment aber, wie Sie mit stilistischen Mitteln und Sprache drangehen, ist es etwas anderes und auf jeden Fall eine Verfälschung, aber vielleicht eine Annäherung. Wahrscheinlich ist der Wille zur Wahrheit, wahrscheinlich, das Einzige, was man da einsetzen kann, aber die Wahrheit ... Eine Beschreibung ist eben nicht die Tatsache, also sie nützt nichts, wie man es auch wendet. Oder sogar bei Fakten geht das schief. Wenn ich sage: »Drei Menschen sind umgekommen«, so ist es was anderes, als wenn das Umkommen selbst veröffentlicht werden könnte, das geht aber nicht. Und wenn man einen Zeitungsbericht liest, hat jeder Leser eine andere Wahrheit vor sich und in sich aufgenommen. So viele Menschen eine Sache wahrnehmen, so viele Wahrheiten sind's. Vorausgesetzt, daß die die Wahrheit wollen. Aber die Wahrheit ist sowieso ein Blödsinn. Ich sehe mich ja auch jetzt anders, als Sie mich sehen, und Sie sehen sich anders, als ich Sie sehe, und alles immer wieder über's Kreuz, also es ist schon, während es stattfindet, vollkommen verschoben, verschroben und etwas ganz anderes. Jeder, der etwas schreibt, das wäre eine neue Wahrheit.

Eines Tages setz' ich mich hin und schreib' halt eine Prosa und dann wieder was anderes. Das spüren S', da haben S' halt eine Lust für das, und dann haben S' eine für das. Ich hab' ja kein Konzept, so wie der Heimito von Doderer. Der hat seine Bücher entworfen, der hat seine Bücher gebaut wie ein Architekt, am Reißbrett und in verschiedenen Farben: Positive Kapitel, glaube ich, hat er grün beschrieben und negative – war eh kaum was drin – rot. Ein Buch hat er ›Die Dämonen‹ genannt. Nur hab' ich nie einen Dämonen drinnen gefunden.

Man will was Gutes machen, hat eine Lust an dem, was man macht, wie ein Pianist. Der fangt auch das Spielen an, dann probiert er einmal drei Töne, dann kann er zwanzig, und dann kann er einmal alle, und die perfektioniert er halt, so lang' er lebt. Und das ist sein großer Spaß, und für das lebt er. Und ich mach das so wie andere mit Tönen, halt mit Wörtern. Fertig. Was anderes interessiert mich eigentlich überhaupt nicht. Das ist der

Reiz jeder Kunst. Die Kunst ist ja nur das, daß man immer besser auf dem Instrument, das man sich ausgesucht hat, spielt. Das ist der Spaß, und den läßt man sich auch von niemandem nehmen, auch nicht ausreden, und wenn einer ein großartiger Klavierspieler ist, dann können Sie das ganze Zimmer, in dem er mit dem Klavier sitzt, ausräumen, voll Staub machen und ihn mit Wasserkübeln bearbeiten, der bleibt halt sitzen und spielt. Und wenn das Haus über ihm zusammenbricht, wird er weiterspielen, und beim Schreiben ist es dasselbe.

Ich bin halt ein musikalischer Mensch. Und Prosaschreiben hat immer mit Musikalität zu tun. Der eine atmet mit dem Bauch – Sänger atmen ja nur mit dem Bauch, weil sonst können s' nicht singen –, der andere muß halt die Atmung vom Bauch aufs Hirn verlagern. Das ist derselbe Vorgang. Da haben S' ja viele Lungen da drinnen, ein paar Millionen wahrscheinlich. Noch. Bis sie in sich zusammenfallen. Weil Bläschen platzen, also fallen Lungenbläschen in sich zusammen. Wenn Sie auf die Straße gehen, arbeitet das alles für Sie. Sie brauchen gar nichts zu tun, brauchen nur die Ohren aufzumachen, die Augen, und gehen. Brauchen nicht mehr nachzudenken. Dann wird das, wenn S' heimkommen, in dem, was Sie schreiben, drinnen sein – wenn Sie sich unabhängig machen oder unabhängig sind. Wenn Sie verkrampft und blöd sind oder nach etwas streben, wird da nie etwas draus werden. Wenn Sie im Leben leben, brauchen S' nichts dazuzutun, das kommt alles von selbst in Sie hinein, und das wird einen Niederschlag haben in dem, was Sie machen. Das kann man nicht lernen. Singen kann man lernen, wenn man eine Stimme hat. Das ist auch die Voraussetzung, nicht? Einer, der von Natur aus lebenslänglich heiser ist, der wird kaum Opernsänger werden können. Das ist ja überall gleich. Ohne Klavier können Sie nicht Klavier spielen. Oder wenn Sie nur eine Geige haben und damit Klavier spielen wollen, das geht halt auch nicht. Und wenn Sie dann nicht Geige spielen wollen, dann spielen Sie halt gar nichts. Jeder muß möglichst alles fortwährend in sich aufnehmen und wieder abstoßen. Die meisten Leute machen den Fehler, daß sie nur noch hocken bleiben in einer Kaste und Klasse und nur noch mit Fleischern verkehren, weil sie Fleischer sind, oder nur noch mit Maurern, weil s' Maurer sind, oder Hilfsarbeiter, weil s' Hilfsarbeiter sind, oder Grafen, weil s' Grafen sind ... Ich bin mein Eigener, da brauch' ich keinen anderen. Da mir keiner was lernen und sagen kann, brauch' ich zu keinem hingehen. Da der Mensch an und für sich verlogen und verschroben ist, brauch' ich keinen Schriftsteller.

Und wie man so was wird, weiß ich doch nicht. Einen Sportler, den dürfen Sie auch nicht fragen, wie er die sechs Meter achtzig springt, dann wird er sie nicht springen können. Es weiß kein Mensch, wie er springt, wie er das schafft. Der Franz Klammer hat plötzlich nachgedacht, wie er abfahren soll, und jetzt kann er's nicht mehr. Einen Tänzer dürfen S' nicht fragen, wie er tanzen soll, einen Schlafwandler dürfen S' nicht anschreien. Das ist dasselbe. Ich glaub', das ist wie der Claudel, der in die Kathedrale in Rotterdam hineingegangen und vor einer Säule gestanden ist, und plötzlich hat er beschrieben, wie die Säule Flügeln kriegt, und da ist ihm der Jesus aufgegangen. Also, ich meine, so billig und so blöd ist es nicht. Aber es beeindruckt die Leute. Wenn eine steinerne Säule Flügel kriegt, das ist irgendwie nicht nur glaubhaft, sondern eigentlich vollkommen klar. Und er ist dann, nachdem er mit Lederschuhen hineingegangen ist, mit seidenen Schuhen aus der Kathedrale hinausgegangen. Das war seine Geburt auch als großer Dichter: Paul Claudel. Sie brauchen in der Welt nach nichts streben, weil Sie werden eh hineingestoßen. Streben ist immer Blödsinn gewesen. Ein Streber ist ja was Grauenhaftes. Die Welt hat ja einen Sog. Der reißt Sie mit, da brauchen Sie nicht streben. Wenn Sie streben, werden Sie eben ein Streber.

Immer, wenn man schreibt, braucht man ein Mittel, damit man schreiben kann. Ob das die Einsamkeit ist, ein Baum oder ein Misthaufen oder ein Mensch, auf irgend etwas ist man fixiert. Letzten

Endes fast immer auf sich selber. Alles andere ist Unsinn. Ein Hund sucht ja auch einen Baum oder eine Hausmauer, wenn er pißt. Wenn man schreiben will, ist es ähnlich, wie wenn man Wasser abschlägt. Dann sucht man so etwas, und meistens pißt man sich selber an, weil das das Naheliegendste ist.

Ich habe nie an Form gedacht, die hat sich von selbst ergeben, wie ich bin und schreib'. Man hat ja Vorbilder und Geschichten. Aber ich glaub', vor dem ›Frost‹ hat's in dieser Art im Grund wirklich nichts gegeben. Es war erstmalig, diese Art zu schreiben. Die Literatur nach dem Krieg war ja orientiert an allem, an der berühmten Literatur, die aus Amerika und England und Frankreich gekommen war. Damals, außer den Nazidichtern, Nazidichter unter Anführungszeichen, haben die Leute ja, auch die bekannten, immer Romane geschrieben, die in Oklahoma gespielt haben oder in New York. Kein Mensch ist auf die Idee gekommen, daß er das beschreibt, wo er lebt und wo er aufgewachsen ist und wovon er wirklich was weiß. Die Hauptfigur in den Romanen damals war immer irgendein Joe oder eine Miss Temple oder Plempl oder Plampl, und damit war die Literatur ein völliger Scheißdreck, die in den ersten fünfzehn Jahren nach dem Krieg geschrieben worden ist. Weil sie nichts wert war, blieb sie nur eine blinde, billige Nachäffung der Amerikaner. Nachdem die weltberühmt waren und Riesenauflagen gehabt hatten, haben die anderen Schriftsteller hier geglaubt, sie müßten auch so schreiben, damit sie dann mit einem Cadillac herumfahren können. Aber sie haben nur die Literatur beschmutzt und auch nie einen Cadillac besessen. Das war also völlig sinnlos.

Ich hab' ähnliches gemacht, aber nicht mit Joe und Miss Temple, sondern habe hiesige Bedingungen und Formen benützt, die ich mir angelesen g'habt hab', auch von französischen Surrealisten. Ich war also begeistert von Julien Gracq und solchen Leuten, die halt damals berühmt waren, das weiß man ja heut' nimmer, weil s' völlig verschwunden sind. Ich hab' dann jahrelang gar nichts geschrieben und mir gedacht, das gehört alles vergessen und weggeschmissen und das ist alles nichts. Entweder es gelingt und man setzt sich hin und schreibt, wie man halt ist und was man weiß und was man kann. So ähnlich war das eigentlich. Und die Gedichte waren ja auch nichts, weil sie letzten Endes nur eine krampfhafte Sucht waren, sich in Szene zu setzen. Es war keine Dichtung, die entsteht dann doch so, daß man alles ausschaltet, was man bisher angelesen hat. Das muß man einfach in irgendeiner Falltür verschwinden lassen können, aber die Kraft hat ja nicht jeder, daß er dann jahrelang aufhört. Ich hab' ja fünf Jahr' praktisch nichts gemacht, weil ich gewußt hab', das ist ein Sack, das ist nichts. Mit einem Wort: Obwohl ich vorher überzeugt war, das es das Höchste und Größte war, ist mir plötzlich ein Licht aufgegangen, und ich hab' mir gesagt, das ist überhaupt ein Schmarrn. Also hundert Gedichte und im Grund ist es nichts.

Angst hab' ich schon g'habt nach dem ersten Buch. Na ja, das hat man ja sowieso oft, dieses Gefühl, das hat man periodisch immer wieder. Das ist nichts Neues. Dann sagt man sich, das hat gar keinen Sinn, aber dann kommt doch immer wieder was. Was würde man sonst machen? Man hat ja nichts anderes. Es schrumpft ja eh schon Jahrzehnte hindurch alles zusammen. Weil man nur das hat und dann umrührt in dem Brei ... Meistens sind ja die Einfälle und die Eindrücke viel zu viel. Da kann man sich nicht erwehren. Meistens kann man ja dann wieder anfangen zu schreiben, wenn man durch ist. Ich möcht' ja immer gleich zehn Bücher schreiben. Kann man aber nicht. Sie können ja nicht zehn Themen und dann – Sie bringen sich ja um. Bis dann wieder eines kommt. Aber es ist immer der gleiche Vorgang. Interessant ist es ja letzten Endes überall. Eindrücke kann man ja überall haben. Es kommt ja auf Sie selber an. Ob S' potent sind oder nicht. Da muß halt innen sich mit außen decken, und, vor allem, man steht ja immer nackt da, und man will sich ständig anziehen mit allem, was man schreibt. Es nützt einem aber nichts, je mehr man versucht, sich anzuziehen und zu bekleiden und warm zu halten und zu bandagieren, desto nackerter steht man da. Aber andererseits ist das auch wieder ein Genuß, sich dem auszusetzen und halt nackt auf die Straße zu laufen. Was anderes ist es ja nicht, wenn man Bücher veröffentlicht.

Ich denk' nicht, ich weiß ja gar nichts, wenn ich schreib', ich erinnere mich an keine Bücher, auch nicht an die, die ich g'lesen hab', es ist überhaupt nichts da. Ich beschäftige mich mit Literatur ja gar nicht. Die Sachen hab' ich alle vor fünfzehn, zwanzig, dreißig Jahren gelesen, ich weiß gar nicht mehr, was beim Stifter drinnensteht. Alles, was man gemacht hat, hat sicher Folgen. Sie können mich zu meinen eigenen Sachen fragen, manche Sätze weiß ich genau, na ja, die sind von mir, da erinnere ich mich schon. Aber die meisten ... Ich weiß auch den Inhalt meiner Bücher gar nicht mehr, weil s' mich gar nicht mehr interessieren. Also, so ungefähr weiß ich's schon, nur weiß ich oft nicht, ist das im ›Kalkwerk‹, wo die gelähmt ist, oder ist's in der ›Verstörung‹? So ähnlich ist es. Ich häng' ja nicht an den Sachen. Da könnt' ich ja dann nichts mehr machen. Ich will mich ja befreien. Das wird hinausgeschmissen, wie von so einem Ballon. Man wirft Sandsäcke ab, das sind die Bücher, da steigt man dann höher. Wenn man Säcke hinunterschmeißt, müßte man eigentlich höhersteigen. Da müßte man also mit jedem Buch, das man abschmeißt, höhersteigen. Ist doch ein schönes Bild!

Nur, wenn man freudig links die Säcke abschmeißt und glaubt höherzusteigen, dann schneidet einem ein Felsriff hinten alles auseinander. Oder man hat eine Frau, die hinter einem das Seil durchschneidet, während man selig hinaufschwebt.

Der dumme Schriftsteller, der dumme Maler sucht immer nach Motiven, dabei braucht er nur sich selbst, braucht nur seinem Leben zu folgen. Der will immer der gleiche bleiben, aber nie dasselbe schreiben. Und auf das kommt es ja an, wenn's überhaupt auf etwas ankommt. Aber wenn man schon damit umgeht wie ein Hosenverkäufer und auch davon lebt, macht man halt sowas. Ein Schriftsteller, ein typischer deutscher Schriftsteller, der denkt so. Der sagt ja das auch alles. Daß er so lebt und schreibt, und so. Ich hab' mich nie als Schriftsteller in dem Sinn gefühlt, ich wollt' ja nur schreiben, aber daß das zufällig Schriftsteller ist, das hat sich nachher ergeben. Das ist ja gar nicht so wesentlich, da machen einen erst die anderen dazu. Nachdem's keine Schriftstellerakademie gibt ... da hätten sie dann ein Papierl, auf dem draufsteht, mit heutigem Tage ist Herr Sowieso zugelassener Schriftsteller. So wie als Pianist oder Schauspieler, das können sie alles am Papier nach Hause tragen. Wenn ich schreib', schreib' ich überall, ganz wurscht wo. Ich kann in einem Gasthaus schreiben, ich kann in einem Zinshaus schreiben, ich kann in Paris im Verkehr schreiben, das ist ganz wurscht. Wenn es soweit ist, stört mich das gar nicht. Es ist nur die Frage, wann man soweit ist. Anfangen kann ich eher nicht, wo es ruhig ist und nichts vor sich geht, weil ich nicht einsteigen kann. Ich brauch' zuerst einmal Anregungen und irgendeinen chaotischen Zwischenfall oder irgendsowas. Das Chaos beruhigt ja. Mich halt. Und in der Zeitung ist ja alles chaotisch. Nur ist es sehr anstrengend, weil man das alles umsetzen muß. Man muß es zuerst übersetzen, in Phantasie. Heut' steht drinnen, daß ein Bub seinen Hund spazierengführt hat – haben S' das gelesen? – mit der Leine. Dann wollt' er wo aufisteigen, hat unglücklicherweise die Leine über den Kopf gezogen, der Hund ist wahrscheinlich drei Schritte weiterg'rennt, und der Bub war stranguliert. Nicht, so was stellt man sich dann vor. Nur, wenn man so was beschreibt, ist es blöd, weil's ja nichts Besonderes ist. Das muß man wieder umsetzen oder irgendwas dazuerfinden. Der strangulierte Bub in Beziehung auf Troilus und Cressida, dann ging's vielleicht.

Hauptsache ist, daß es gut klingt. Das zieht schon einmal, so wie der Hund die Schlinge zieht das den Leser an. Wichtig ist ja immer das Zusammenziehen, das Komprimieren, das Wegschmeißenkönnen. Und sich trennen können, radikal, von eigenen Sachen, daß man sieht, das gehört einfach weg. Je mehr man herausschneidet, desto besser ist es doch. Wenn ich jetzt zum Beispiel eine

Sache schreibe, wie jemand an einen See fährt, als Endpunkt, und irgend etwas stimmt nicht an der ganzen Sache ... Es muß also das Meer sein, aber man ist oft monatelang verbohrt mit dem See, und dabei wär's so einfach, die Umsetzung. Eine ganz logische Sache, auf die man nicht kommt, weil man sie vielleicht nicht will bis dorthin. Und dann geht's halt auf, die Sache. Glaubt man. Und dann kommt ein Schauspieler oder irgendwas, und wir machen das, und dann ist es wieder ganz was anderes.

Nach jeder Sache fall' ich ja zusammen. Nach dem letzten Stück, da war das auch so eine Sache, in Portugal, da lieg' ich drei Wochen in irgendeiner Pension und bin vollkommen erledigt. Das gehört dazu. Aber das wird ja dann ein natürliches Ende nehmen, da brauchen S' gar keine Angst haben. Ich glaub' schon, meine Sachen sind in einer Art geschrieben, die ja nicht veraltet. Die Themen sind einmal vorn und einmal hinten, das weiß man ja. Jahrzehnte lesen die Leut' halt keinen Hamsun, und dann kommt er wieder. Das passiert mit allen Leuten. Aber es ist sicher, ganz sicher bewußt so geschrieben, daß man das in hundert Jahren auch noch lesen kann. Weil die Sprache so ist, daß sie im Grund nicht veralten kann. Die Themen veralten, das weiß man im persönlichen Gebrauch: Daß man eine Zeitlang Kaviar frißt und wahrscheinlich nach drei Wochen dem ein Ende macht, ein jähes, und dann Speckwurst ißt. Jahrelang. Aber Kaviar

In Ohlsdorf, 1983

Mutter Hertha und Großmutter Anna Bernhard in Traunstein, 1943

Mit Mutter Hertha Bernhard in Seekirchen, 1936

Mit Großvater Johannes Freumbichler in Seekirchen, 1937

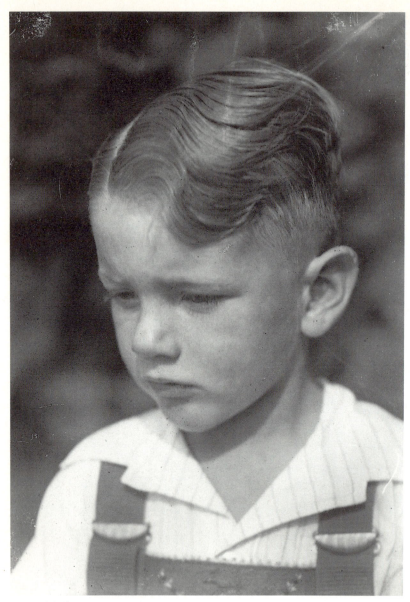

In Seekirchen, 1936

kommt ja doch immer wieder, wenn auch nur kurz.

Aber irgendwie, irgendwo ist das Abenteuer weg. Jetzt sucht man Ausflüchte und schreibt halt Stücke oder konstruiert eine Prosa, die die Leute langweilt, weil sie sagen: »Das ist mir zu blöd, drei Seiten ein Satz.« Und das ist doch der Reiz, daß die dann sagen: »bäääh«. Und das ist noch ein Reiz, daß man was macht, was die Leute ablehnen und ihnen Widerstände macht.

Das ist vielleicht vergleichbar mit einem Kind, das immer in der Früh die Großmutter erschreckt und auch seinen Genuß hat. Vielleicht ist das ein Ersatz, weil das ja nicht mehr möglich ist. Als Kind, da war so ein Vorhang, vor einer kleinen Besenkammer, und da hab' ich mich hineingestellt, mit der Hand oben, und wenn meine Großmutter vorbeigegangen ist, habe ich die Hand herunterfallen lassen. Die ist zu Tode erschrocken, immer! Aber nicht jeden Tag. Wenn ich das Gefühl gehabt habe, jetzt hat sie die Sache vergessen, jetzt kann ich's wieder machen, hat's immer gewirkt. Und das kann man nicht mehr, ist ja auch keine Großmutter mehr da, aber dann sind's eben solche Sachen. Oder daß jemand sagt: »Kommen Sie zu uns, lesen Sie vor«, und ich sag' nein. Da hab' ich meinen Mordsspaß. Da denk' ich mir zwar, Gott bist du blöd, das Geld, alles ist weg, aber der Spaß ist dann vielleicht noch größer.

Im Grunde ist es so was, und drum geschehen solche Sachen. Sonst wär' ja alles entsetzlich. Wenn man den Leuten nachgeben würde, überall hin, wär's ja furchtbar. Also muß man sich selber was konstruieren, von außen kommt ja nichts. Es gibt keinen Krieg, und es ist nichts, wir leben an keiner Grenze, da, wo so etwas passiert. Und diese Atomg'schichten, das ist alles langweilig, weil das führt zu nichts. Also müßte man wohin wandern, mit einer Tasche. Man muß sich selber Afghanistan und diese Sachen konstruieren, Ersatz ... Wenn ich mich also dagegen sperre, entsteht was Interessantes. Das umgibt einen dann irgendwie wieder mit Spannungselementen.

Eine Krankheit ist ja auch immer ein Kapital. Jede überstandene Krankheit ist eine tolle Geschichte, denn es kann Ihnen niemand in irgendeiner Weise Ähnliches in die Tasse hineinfallen lassen. Nur dürfen S' nicht damit rechnen, weil dann geht's einmal schief. Ist auch wieder wurscht, denn Sie sind ja nimmer da und können das nicht feststellen.

Das ist ja noch gar nicht lang her, da hat man »Literatur« mit zwei »t« geschrieben ... Literatt!

Mein Leben ist ja völlig klar. Für mich ist vollkommen klar, ich mach' meine Arbeit, alles, was diese Arbeit behindert, scheidet aus, und was sie fördert, für das bin ich. Das ist jetzt einmal ganz einfach.

Mir ist bestimmt überhaupt nichts unmöglich, was ich schreiben will, bestimmt nicht. Ich habe ja kein Schamgefühl oder was, das hab' ich ja nicht mehr. Wenn Sie nicht mehr arbeiten, müssen Sie hinaus und irgend etwas anzünden. Zuerst macht man so was schlafwandlerisch, und dann wundert man sich selber, wie so was 'gangen ist.

Nur möcht' ich noch Verschiedenes machen oder sehen, ich meine nicht Neues, weil Neues gibt es ja nicht viel, aber überall schauen, das macht man ja gern, bis einem Hören und Sehen vergeht. Wenn man diese vielen Perioden, die man so erlebt, immer wieder nicht will und sich umbringen will, was ja wahrscheinlich jeder mitmacht ... aber trotz der Schwierigkeiten wird es eigentlich immer interessanter und auch schöner.

In einem Kloster für gefallene Mädchen

Meine Mutter war hier in einem Dorf, und wie sie gemerkt hat, ich komm', da ist sie nach Holland. Das war damals üblich, daß österreichische Mädchen in Holland Hausgehilfinnen waren, und die war schon dort, diese Freundin, und die hat gesagt, na, sie soll kommen, weil die war ja irgendwie verfemt in so einem Dorf, ein uneheliches Kind kommt, wachst da im Bauch, das geht ja nicht. Und das war halt in Heerlen. In irgend so einem Kloster, das so einen Trakt gehabt hat für gefallene Mädchen. Also die haben die aufgenommen, bis das Kind da war. Das war damals wahrscheinlich ein kleines Städtchen, jetzt ist es eine riesengroße Sache. Das hat mir so gefallen, diese Häuser, die's so zerreißt, da hängen die Vorhänge grad, und die Häuser stehen so. Dort war ich ja wahrscheinlich nur ein paar Wochen. Dann ist meine Mutter als Hausgehilfin in Holland, also in Rotterdam, irgendwohin gegangen. Da wird ihr diese Freundin was verschafft haben, und mich hat sie auf irgendeinen Fischkutter oder was im Hafen gegeben. Da war so eine Familie, die Kinder aufgenommen hat, und da waren so Hängematten, immer wenn die Mutter gekommen ist, ist das Kind heruntergelassen worden, so war das. Bis zu einem Jahr ungefähr. Und dann ist sie mit mir nach Wien. Aber landschaftlich sind diese Niederlande da unten sehr schön. In Heerlen war ich später ein paarmal durch irgendwelche Leute, die waren die Besitzer von einem Schloß dort, das waren Grafen Stolberg, von diesem Grafen, mit dem Goethe ... die haben dieses Schloß g'habt, Castell heißt das eigentlich, war ein wunderschönes Haus, ein altes, mit einer Küche mit vielen Kacheln, und in den Zimmern waren die Böden so gesenkt, während der Kriegszeit hat man dort Getreide gelagert, alte Betten und Kommoden, und die haben das dann vermieten und verkaufen müssen. Dort war der Nato-Chef, der Kielmansegg, der hat dort residiert in diesem Castell. Vielleicht ist das fünfzehn Kilometer von Aachen, sehr weit glaube ich nicht. Aber wunderschön. Und die Gräfin, die hat ein altes schwarzes Auto gehabt, und wir sind in die Kirche nach Aachen gefahren mit ihren Töchtern, und da bin ich mitgefahren. Und an der Grenze haben die den Hut gezogen, »die Graafin«, da sind wir dann in den Dom hinein und wieder zurückg'fahrn. Das war so ein paar Wochen.

Da war eine der Töchter, durch die war ich dort. Und das Ganze hat dann ein jähes Ende genommen.

Einfach war es als uneheliches Kind damals nicht. Es war natürlich auch eine schwierige Zeit durch den Krieg. Der Mann meiner Mutter, der war ein kleiner Friseurgehilfe, der hat nichts verdient, das können Sie sich ja vorstellen. Der hat mehr vom Trinkgeld gelebt. In einer kleinen Stadt im weißen Mantel den Leuten die Haare scheren, da schaut nicht viel heraus. Die Großeltern haben natürlich auch nichts gehabt. Wie ich bei meinem Großvater gelebt habe, der geschrieben hat, da war so eine riesige Bibliothek, und immer mit diesen Büchern zusammen zu sein, jeden Tag, war für mich allein grauenhaft.

Die Großmutter ist Kinderhüten gegangen, am Land, also zu den Bauern, und was sie dort bekommen hat, davon haben wir gelebt. Und nachdem Sie wissen, wie geizig Bauern sind und was man für Kinderhüten bei geizigen Bauern kriegt – es war also nicht so. Trotzdem war's eine schöne Kindheit, wahrscheinlich, sicher sogar. Man hat ja nichts gebraucht. Schuhe hat man ein Paar gehabt, die hat man nur im Winter getragen, im Sommer, bis November, hat man keine angehabt, das war alles problemlos. Die Kinder haben einmal im Jahr so ein – Ruderleiberl hat das geheißen – bekommen, so wie so ein T-Shirt, mit Streifen, das hat genügt das ganze Jahr. Und man ist so herumgelaufen und hat die warme Milch getrunken von den Kühen.

Meine Großmutter ist ja auch nur geschlagen worden, die war die Tochter von einem Viehhändler, von einem Stechviehhändler heißt das, ja das heißt, die Schweine werden gestochen, die Kühe werden geschlagen. Also Schlachtvieh und Stechvieh. Die haben in Salzburg gelebt, dort, wo der Aufzug am »Mönchsberg« ist, in dem Haus daneben. Ihr Sohn war der Schneidermeister Bernhard, ein Uniformschneider. Der hat immer die Offiziere eingekleidet. Zuerst hat er die SS eingekleidet und dann die amerikanischen Generäle, gleich nachher. Er war in Kleßheim, und wenn der Anzug gut gepaßt hat, hat ihn der General ins Schloß Kleßheim eingeladen, zum Essen. Und dann war ihm das so grauslich, das amerikanische gesüßte Fleisch, und wie der General wegg'schaut hat, hat er's genommen und in den Hosensack gesteckt, das Kotelett oder was es war, hat er immer erzählt, und hat sich vor Grausen die Hose ruiniert. Weil das alles so fett war. Er lebt nicht mehr, ansonsten hätt' er noch Chinesen eingekleidet. Mir hat er einen Anzug einmal gemacht und völlig verhaut, wie ich so fünfzehn Jahr' oder was war, der einzige Maßanzug in meinem Leben, der so unmöglich war, völlig verschnitten. Den hat er natürlich von einem Lehrling machen lassen, weil er gedacht hat, das ist ja mein Neffe, da brauch' ma uns nichts antun, und dann weiß ich noch gut, daß ich ihm den Anzug hing'schmissen hab', der wollt' ja, daß ich den auch zahl'. Wie ich das geseh'n hab' im Spiegel, hab' ich ihm den ganzen Anzug hing'schmissen, und damit war die Verbindung zu dem

Onkel Bernhard weg. Da haben sie noch lange zu Hause gesagt, was ich Furchtbares gemacht habe. Den hätt' ich natürlich nehmen und anziehen sollen, und dann haben sie immer gesagt, noch Jahre nachher, was wird der mit dem Anzug gemacht haben. Den konnte er ja an niemand verkaufen, und er hat einen ungeheuren Schaden durch mich g'habt, der Nobelschneider. Aber er ist furchtbar zugrunde gegangen. Alle noblen Leute müssen an furchtbaren Darmkrebsen und so zugrunde gehen.

Es war sicher wunderbar, aber wenn man drinnen ist, ist es bestimmt scheußlich. Ich halt' das nicht für günstig. Ich mein', das Leben hat an und für sich lauter Nachteile. Weil in der Jugend ist es scheußlich, und man ist angegriffen, überall, und man hat keinen Halt, und wenn man einen hat, wird einem die Hand sofort abgehackt. Wenn man älter wird, hat man auch nichts davon, weil man die Dinge noch mehr durchschaut und außerdem alt wird. Es ist alles nicht sehr angenehm. Es kann dann vielleicht ein geistiger Genuß an solchen Sachen sein, das schon. Das glaub' ich schon. Und manchmal an der frischen Luft, aber die ist selten frisch. Und ich bin auch kein Naturmensch, und Genüsse habe ich eigentlich auch nicht. Wenn Sie aufwachsen, völlig normal, nicht, mit allen kindlichen Späßen und Sachen, und dann wird Ihnen lebenslänglich gesagt, Sie sind ein Scharlatan und das kann gar nicht sein, daß der Bub, der nur Witze macht, sich aufregt übers schlechte Essen, das seine Großmutter gekocht hat – das verfolgt einen bis ins Grab.

Flucht zum Menschen

Ich war schwindsüchtig, mit Wimmerln im G'sicht und ausg'hungert und bleich, und das Ganze hat ang'fangen, als da eine Enthüllung von einer Gedenktafel für meinen Großvater in Henndorf war. Das weiß ich noch. Da war diese Enthüllung und dann so eine Jause oder was, mit meinen Verwandten im Wirtshaus, mit Zeitung und Reporter und wer halt da umanandg'standen ist, mit Blaskapelle und mit Fahnen und Schützen. Meine Großmutter ist neben mir g'sessen, und der Kaut, und hat g'sagt: »Mein Gott, ich weiß nicht, was ich mit meinem Enkel mach', der ist nichts und wird nichts und so, vielleicht könnt' er schreiben.« So war das. Und der Kaut hat g'sagt: »Schicken S' ihn halt am Montag zu mir.« Nicht, und ich bin dann am Montag hin'gangen zum ›Demokratischen Volksblatt‹ in Salzburg. Da hat er g'sagt, ja ich glaub', der hat sogar »Du« g'sagt, kommt mir vor, das war ja so komisch: »Bürscherl, gehst halt!« Da ist ein Flüchtlingslager gewesen in der – Rosittenkaserne hat's g'heißen, so ein Barackenlager, ich sollte dort hingehen und was drüber schreiben. Naja, ich bin dort hingegangen und hab' dann auf der Maschin' was g'schrieben. Ich hab' in Aiglhof gewohnt. Am nächsten Tag in der Früh' war das drinnen in der Zeitung, zusammeng'strichen natürlich, und da war ich sehr stolz. Da hab' ich mir gedacht, schau, am Nachmittag tragst das hin, und in der Früh ist es schon da. Das ist ein erhebendes Gefühl. Und zu der Zeit, da war einer, der Gerichtssaal g'macht hat, der ist krank g'worden, zu meinem Glück. Und dann haben's niemand g'habt, das war eine kleine Zeitung mit nichts. Also, ich geh' dorthin, interimistisch, der war dann ewig krank und ist überhaupt nie mehr erschienen. Ich weiß gar nicht, wer das gewesen sein soll, und ich hab' das dann halt zwei Jahre g'macht.

Im Grunde wollte ich, da hab' ich g'schwankt, ein G'schäft aufmachen, also ein Lebensmittelgeschäft oder irgendwas. Ich hab' schon beim Trödler Regale und Schubladenkästen und so gesucht, ich hab' eine fixe Idee g'habt, ich verkauf' irgendwas. Was, hab' ich nicht gewußt, ein Kramergeschäft oder solche Sachen. Das war immer schon ein Wunsch und Jugendtraum, weil in Henndorf, bei der Rosa-Tant', die haben so eine Gemischtwarenhandlung g'habt mit Zuckerhut und so. Da war ich als Kind dort. Das ganze Geschäft war halb so groß wie der Raum da. Und ein zweiter Raum, ein Schlafzimmer, mehr war ja nicht. Oft bin ich als Kind monatelang bei der gewesen und hab' dann dort übernachtet. Das war mir immer scheußlich, aber um den Preis, daß ich dort irgendwie verkaufen konnte, hinter der Budel. Und so hab' ich das in Kauf genommen, diese alte, grauenhaft alternde Tante, in dem furchtbaren Bett. Ich hab' keine Nacht g'schlafen, alle Fenster zu, bummfest, ein feuchtes, muffiges Loch, die ganze Nacht. Aber es war doch ein Erlebnis, das ist, glaube ich, dieses Greißlertrauma, das ich da gekriegt hab'. Aber weil sich das so zufällig mit'm Schreiben ergeben hat, na ja, da weiß ich, hab' ich 'kriegt dreißig Schilling pro Beitrag, und ob das drei Zeilen waren oder eine ganze Seite, war wurscht. Das war also pauschal. Da hab ich immer g'schaut, daß ich jeden Tag drei Beiträge drin g'habt hab', auch, was weiß ich, ›Die schwangere Witwe‹. Da bin ich zum Bezirksrichter gegangen und hab' g'sagt, »was gibt's denn heut'?« Da waren Akten, die hab' ich g'schwind abg'schrieben. Da hab' ich relativ viel verdient, das waren also praktisch neunzig Schilling am Tag, damals eine Riesensumme. Am Monatsende bin ich fein dag'standen. Und da hab' ich mir gedacht, ist eigentlich viel günstiger als das andere. Ich hab' die Befriedigung g'habt, und beim Frühstück konnte ich den Schmarrn lesen. Damals war ich eigentlich nicht überzeugt, daß es ein Schmarrn ist.

Eines Tages komm' ich hin, da sagt der Kaut: »Also jetzt geht das nimmer so, jetzt müssen wir zur Partei gehen. Also, ich mein', so eine sozialistische Zeitung und nichts, das gibt's nicht.« Da hat er mich direkt, so wie ein Onkel, bei der Hand genommen. Es war ja nur fünf Türen weiter, und da war der spätere Bürgermeister. Der Salfenauer war damals Parteisekretär, ein kleines, schmächtiges, rachitisches Manderl, also unguat, un-gar-nix, halt normal und skurril. Ich hab' mir gedacht, ist mir ganz wurscht, jetzt geh' ich halt zur Partei. Und vorgepickt die Mitgliedsmarken gleich auf ein halbes Jahr, dort an Ort und Stelle, und hab' das alles unterschrieben, und damit war die G'schicht erledigt. Ich bin heimgegangen und hab' mir nachher gedacht, was hast denn jetzt eigentlich g'macht? Das war so eine momentane Handlung ohne Hirn, und darum war mir das irgendwie ungut, das G'fühl. Dann sind Briefe gekommen an »Genossen Bernhard«, dann hab' ich mir gedacht, ja mei, irgendwie geht das eigentlich nicht. Und ich weiß genau, am nächsten Tag oder am übernächsten hab' ich das Parteibuch genommen, hab' einen Brief g'schrieben an den Peyerl, der war damals Landeshauptmann-Stellvertreter, das war auch ein Roter, der auch in Aiglhof g'wohnt hat: »An den Vorsitzenden der Partei in Salzburg.« Ich hab' das eingeschrieben aufgegeben und dann g'schrieben, eigentlich halte ich vom Sozialismus nichts und so, und hiermit schick' ich das mit, das war ein Blödsinn. Ich schick' das wieder zurück, und die G'schicht' hat sich. Dann hab' ich mich nicht mehr hingeh'n getraut zum Kaut, und da waren natürlich meine ganzen neunzig Schilling am Tag hin. Es war alles aus. Da hab' ich dann, ich glaub zehn, fünfzehn Jahr, keinen Kontakt mehr g'habt. War dort Schluß.

Dann hab' ich sofort angerufen bei den ›Salzburger Nachrichten‹ und hab' g'sagt: »könnt' ich bei euch was« und so, man ist halt immer hing'rennt, und die Leitenberger war damals stellvertretende Chefredakteurin, die jetzt schon Jahrzehnte bei der Presse ist. Irgendwie hab ich da schon zu kapieren ang'fangen. Sie hat g'sagt: »Ah, zuerst spielt er Sozialist.« Irgendwie unmöglich, am Telefon gleich. Ich hab' mir gedacht, hab' mich gern, und hab' abgehängt. Das weiß ich noch genau, die Telefonzelle in der Rainerstraße, so eine Mordsabfuhr. Und dann bin ich dag'standen. Dann hat mir der Becker beim Sender was verschafft, da hat's so eine Radiozeitschrift gegeben, ›Radio Österreich‹ hat sie, glaube ich, g'heißen, so eine Art Programmvorschau über gewisse Sendungen, wie es sie jetzt überall gibt, um darüber irgendwas vorher zu schreiben. Ich hab' mir wissenschaftliche Sendungen ausg'sucht. Statt in die Bibliothek zu gehen und nachzuschauen, was das ist, hab' ich immer selbst alles erfunden und hab' g'schrieben: »... wie schon Heidegger sagte: ...«. Das hab' ich selber erfunden, die g'schwollenen Sätze, die weder was g'sagt haben noch sonst, nur großartig geklungen haben sie. Ich hab' auch immer so vier, fünf G'satzln in der Woche schicken müssen, und da hab' ich dreihundert Schilling im Monat g'habt, und davon hab' ich leben können, über Jahre, das hat Jahre gedauert. Bis sie mich dann rausg'schmissen haben, weil ich die Termine immer versäumt habe. Das ist mir so zum Hals herausg'wachsen, daß ich's immer hinausg'schoben hab', dann war's zu spät. Ich bin gescheitert. In der Zeit bin ich ja ins Mozarteum gegangen, und gleichzeitig hab' ich diese Zeitungsg'schicht'ln g'macht. Das war, glaube ich, alles.

Und dann weiß ich eine Sache noch, da hab' ich ein Begabtenstipendium gekriegt. Die waren angeschrieben am Mozarteum, namentlich, am schwarzen Brett. Das waren fünftausend Schilling, damals ein Riesenbetrag. Da hat noch der alte Paumgartner gelebt, der Präsident vom Mozarteum. Damals hab' ich ja schon g'schrieben, für mich, Gedichte. Gedichte sind schon erschienen, wie ich am Seminar war. Das Buch ist auch damals schon erschienen (›Auf der Erde und in der Hölle‹, Otto Müller Verlag, Salzburg 1957). Und da weiß ich noch, Begabtenstipendium, ah wunderbar, da mußte man sich schön anziehen, weil die fünftausend Schilling in weißen Kuverts überreicht wurden, vom Präsidenten selber in seinem Amtszimmer, im Parterre. Und also Bernhard Thomas, hab' ich mir gedacht, aha wunderbar, Hosen und einen Pullover angezogen, einen Rock hab' ich damals noch nicht gehabt. Na, und der teilt das aus, und dann hat er kein

Kuvert mehr, und ich steh' da. Dann sagt er: »Na, was willst du denn da?« Ich sag': »Na ja, wieso, ich bin ja angeschrieben.« Ach, das war ein Irrtum. Diese Gemeinheit, nicht? Und hat aber weder einen Witz g'funden noch war er liebenswürdig. Ich bin dag'standen wie ein begossener ... ich mein', so primitiv sind diese Leut'. Die nennen sich Kulturmenschen, dirigieren gerne Nachtmusik und hauen einen dort zusammen. Ich bin heimg'angen und war erledigt. Ich mein', solche G'schichten, es fällt mir nur ein. So merkwürdige Dinge, so wurscht war den Leuten das. Da hab' ich eigentlich jahrelang nur von Gulaschsuppe gelebt, drum hab' ich lauter Wimmerln gehabt und fürchterlich ausg'schaut. Gulaschsupp'n und a schwarzes Weckerl dazu, das war eigentlich mein tägliches Essen, und in der Früh hab' ich meistens g'soffen ein paar Liter Tee, und in der Nacht bin ich nicht heimgegangen.

Den Becker, den Intendanten vom ORF, hab' ich von früher gekannt, und ich hab' immer so G'schäftln g'macht. Wenn Allerheiligen genaht ist, dann hat er g'sagt: »Jetzt machen wir eine Sendung über Salzburger Friedhöfe«, die hab' dann halt ich g'macht, ›Von Ehrengrab zu Ehrengrab‹. Hab' das dann angehört, mit Begeisterung, wenn's ein Schauspieler gelesen hat, vom Theater womöglich, in Salzburg. Das war schon ein Höhepunkt. Oder ›Dichter zu Gast‹, oder wie das geheißen hat, eine

Viertelstunde. Der Schönwiese war dort noch, da sind schöne Gedichte gelesen worden. Dazwischen hat einer Klavier g'spielt. Daheim hab' ich mich geniert, hab' mich in ein Gasthaus g'setzt, wo mich niemand gekannt hat, und hab' g'sagt: »Bitte dürft' ich die Sendung anhören?« Und hab' mir das feierlich angehört. Na ja klar. Und hab' gedacht, du bist eigentlich jetzt der große Dichter. Und wie ich zum Otto Müller hinaufgegangen bin, mit dem Manuskript, das war immer alles einfach, ich hab' ja nie einen Widerstand gehabt. Na ja, das war eine einschneidende Sache. Das Mozarteum war dann aus. Ich hab' diese Prüfung und G'schichten g'macht, war fertig, und wie ich das Zeugnis g'habt hab', hab' ich mir g'schworen, damit will ich nichts mehr zu tun haben, weil mich das nicht interessiert. Im Grund bin ich ja nur ins Mozarteum gegangen, damit ich mich nicht isolier' und nicht vollkommen vor die Hunde geh', sondern einfach gezwungen war, mit gleichaltrigen Leut' zusammen zu sein. Das war eine reine Flucht zum Menschen.

Was hätt' ich sonst g'macht? Einerseits war ich krank. Wenn S' lungenkrank sind, können S' ja nicht in ein G'schäft, da scheiden schon ein paar Sachen aus. Dort im Mozarteum hab' ich's nicht g'sagt, es fragt einen ja kein Mensch. In einer Schul', da können S' herumhusten, wie S' wollen, so simpel ist das. Aber wenn S' zu einem Kramer gehen oder in eine Eisenhandlung oder was, da müssen S' ein Gesundheitsattest vorlegen, sonst werden Sie nicht genommen. Das ist das Geheimnis des Lebens.

Na, da hab' ich Romane g'schrieben schon, so lange, dreihundert Seiten lange, so unmögliche Sachen, nicht. Einer hat g'heißen ›Peter geht in die Stadt‹, und da war ich schon auf Seite hundert, und der war noch immer beim Bahnhof. Also, da hab' ich dann aufg'hört, das Konzept war falsch. Der ist noch nicht einmal in der Straßenbahn drin g'sessen, und es waren schon hundertfünfzig Seiten. Ökonomie gleich Null. Ab dieser, mein Gott, wann war denn das, da war ich immerhin schon fünfundzwanzig Jahr' alt, also da ist das Buch erschienen, und vorher, so halt mit sechzehn, siebzehn, habe ich angefangen zu schreiben. Fast zehn Jahre war nichts, aber ich hab' geschrieben, ohne viel denken. Dann hab' ich aber doch das Gefühl g'habt, wie ich fertig war, daß das was ist, was eigentlich noch niemand g'macht hat, und auch keiner nachmacht. Und als ›Frost‹ erschien, ist es ja hier sowieso völlig abgelehnt worden. Ich weiß noch, daß die Leut', die heute noch fesch drauflos schreiben, alle geschrieben haben, das ist eine Talentprobe, doch wir werden nie mehr was davon hören, von diesem Jüngling da in Salzburg. Es ist ja wurscht, jeder kann ja schreiben, was er will. Ermutigend war es nicht. Wenn nicht draußen ein paar Kritiken erschienen wären, die an sich auch blöd waren, aber groß aufgemacht, wär's vielleicht schiefgegangen. Das Ganze war ja auch ins Blaue geschrieben. Ich hab' damals eine Phase g'habt, wo ich in Wien bei meiner Tante g'lebt hab'. Am Bau gegangen bin ich und Künetten graben, und Lastwagen g'fahrn bin ich als Chauffeur. Ich hab' ang'rufen, da war so ein Büro »Christophorus«. Also, dort gehn S' hin und eine Lederweste kriegen S', die hab ich eh noch da, und dann geht's schon dahin. Für die Firma Kemeter bin ich monatelang gefahren. Die fahrt ja heute noch umanand. Mit so blauen Autos. Außerdem bin ich sehr gern g'fahrn. Ich bin ja leidenschaftlicher Autofahrer, immer g'wesen, Lastwagen eigentlich noch mehr, und es tut mir eigentlich leid, daß das schon lang nimmer ist. Irgendwie hat mir das etwas gegeben. Da war dann ›Frost‹ aber schon geschrieben. Wieland Schmied war ein sehr guter Freund von mir, und der war damals Lektor beim Insel Verlag. Verkauft haben s', glaube ich, dreitausend Stück. Das hat ja gar keinen Einfluß im Grunde. Und der Chef dort beim Insel Verlag hat nachher zum Schmied g'sagt: »Also der hat uns ein Loch in den Bauch g'redet, wir müssen das nehmen. Aber so gut, wie Sie mir damals sagten, ist ja das Ganze auch nicht.« Und so Scherze halt. Und irgendwie ist das Buch erschienen und auch Kritiken. Aber sonst befriedigt es einen ja nicht, denn die eine widerspricht der anderen, und letzten Endes durchschaut man ja als halbwegs intelligenter Mensch auch schon, was das für Geisteskinder sind. Weil da im Grund nichts dahinter ist und lange Kritiken nicht einen Satz beinhalten, der den Rezensenten persönlich wirklich betrifft, wo man das Gefühl hat, der hat das wirklich mit Interesse gelesen. Das wird ja alles nur geschäftsmäßig aufgefaßt, der bespricht das und fertig. Das ist für den so ein ganz primitives, lebenserhaltendes, familienerhaltendes G'schäft. Und dann sitzt man da, mit diesen Kritiken und dem Buch, und weiß auch nimmer, wie ist das Buch, ist es überhaupt was oder so und so weiter. Da bin ich wieder Lastwagen g'fahrn, aber es war ungut. Es war eine ungute Situation.

Wenn das Buch nicht angenommen worden wäre, dann wär' ich wahrscheinlich nach Ghana gegangen, aber inzwischen hat den Amerikaner in Accra, ein so halb UNO-, halb katholischer Caritas-Beamter, der das gemacht hat, plötzlich, wie ich mein Visum und alles schon g'habt hab', der Schlag getroffen. Der Tod hat immer günstig eingegriffen bei mir.

Eine katholische Existenz

Es scheitert letzten Endes alles, alles endet am Friedhof. Da können S' machen, was S' wollen. Der Tod holt sie alle heim, damit ist alles aus. Die meisten lassen sich vom Tod ja schon mit siebzehn, achtzehn holen. Die heutigen Jungen geben sich ja dem Tod schon in die Arme, mit zwölf und mit vierzehn sind sie schon tot. Dann gibt's einsame Kämpfer, die kämpfen halt bis achtzig und neunzig, die sind dann auch tot, aber immerhin haben sie ein längeres Leben gehabt. Und da das Leben schön ist und ein Spaß ist, haben sie einen langen Spaß gehabt. Die Frühverstorbenen einen kurzen und sind eigentlich zu bedauern. Weil sie das Leben gar nicht kennengelernt haben. Mit allen Grauslichkeiten.

Meine Mutter hat immer, was ich nie im Leben g'habt hab', furchtbar Kopfweh g'habt, lebenslänglich. Sehr alt ist sie ja nicht geworden, aber immerhin. Und ich hab' für sie immer die Tabletten g'holt, gegen Kopfweh, sehr starke. Und eines Tages bin ich hingegangen und hab' g'sagt: »Für die Mutti die Tabletten.« Und er hat mir die so schön herausgegeben aus der Buttn, na ja, und dann hab' ich's g'schluckt. Ich weiß nicht, so dreißig Stück auf einmal. Das war die Rettung, weil's zuviel war, dadurch ist das alles wieder herausgekommen. Das weiß ich noch genau, daß ich eine Woche im Bett gelegen bin und nur g'spieben hab', obwohl schon eine ganze Woche lange nichts mehr drinnen war. Das ist sehr unangenehm. Man hat das Gefühl, es reißt einem den Magen heraus.

Kinder haben ja immer den Teufel im Leib. Wenn sie nicht siech, krank und lieb sind und bei allem achtgeben, wird ja jedem Kind immer g'sagt: »Du hast den Teufel im Leib.« Weil's ja die Eltern verärgern und eigentlich immer überlegen sind. Das Kind hat ja noch einen unverdorbenen, gesunden Verstand. Nicht, das spüren die Eltern und dadurch hassen's im Grunde ihre Kinder. Und sich selbst in der Folge, weil sie an den Kindern schuld sind.

Ich glaube nicht, daß ich falsch geh', daß fast jedes Kind sehr oft den Gedanken hat, sich umzubringen, auch die Versuche macht, aber es dann doch nicht tut oder es nicht gelingt. Das hat man doch als Kind ganz stark. Da kommt so eine Welle, so zwischen sieben und zwölf Jahren, dann ebbt's ein bißchen ab, dann wird man ein bißchen robuster, glaub' ich, dann kommt wieder eine ganz sensible Phase zwischen achtzehn und vierundzwanzig, und wer das übersteht, wird eh fünfzig und heiratet und schreitet so aufrechten Kopfes und klopfenden Herzens in das normale Leben hinein. Dann fangen die Leut' ab fünfzig wieder an nachzudenken. Inzwischen sind die Ehen gescheitert, die Kinder sind alle scheußlich geworden, und der Undank ist der Welt Lohn.

Bis zum heutigen Tag will ich mich alle Augenblick' einmal umbringen. Aber da ich's nicht vollzogen hab', muß mir das Leben mehr wert sein als alles andere. Also, weiß ich ja nicht. Meine Krankheit ist ja nicht so wie eine multiple Sklerose, die verschwindet und wieder kommt. Der kommen S' nicht aus, glaub' ich. Das ist sehr schwierig zu sagen. Aber vielleicht beschämt man sich selbst und wird achtzig Jahre alt. Man weiß ja nicht. Das kann man nicht bestimmen. Nutzt ja nichts, wenn S' in der Kutschn sitzen und auf das Roß einschlagen, und das ist längst ein Kadaver. Bei mir geht's immer dem Ende zu.

Ich habe Verwachsungen an der Lunge, von früher wahrscheinlich, ich hab' eine Lungenentzündung gehabt, einmal. Ich glaube, da ist das halt irgendwie entstanden. Weil ich hab' ja ein Leiden, das permanent da ist, die Herzerweiterung, die nicht heilbar ist. Und dann können Sie eine Dreiviertelstund' noch leben oder drei Jahr, oder es ist in sieben Jahren auch noch möglich. Nach Auskunft der Ärzte müßt' ich eigentlich schon jahrelang tot sein, ich hab' mich schon Jahre überlebt. Irgendwie ist der Tod – also Angst hab' ich überhaupt nicht, mir ist das ganz gleich. Ich versteh Todesangst eigentlich nicht, weil das Sterben so normal ist wie Mittagessen. Angst hab' ich vor den Leuten manchmal, so wie sie sind, aber vor dem Tod kann man doch keine Angst haben. Was ist, wenn man nimmer kann? Dann hör' ich eben mit dem Leben auf – garantiert. Als Siecherl leb' ich mein Leben bestimmt nicht weiter. Das steht ja jedem frei, umbringen kann sich jeder, jederzeit. Es ist nur die Frage, mit was. Aber eine Existenz, wo ich nicht mehr agieren kann, wie ich will, das geht sowieso schwer, aber immerhin, das würd' ich nie machen. Wenn man dann irgendwie unten ist, dann gibt's ja da so mildtätige Scheußlichkeiten, die alle irgendwo das Himmelreich finden, aber sonst nichts. Von den Maltesern angefangen bis zu weiß-ich-was, das ist alles widerlich.

Ich glaube, man sollte mehr an sich selber denken. Dann hat man eh das richtige Gefühl. Da brauch' ich aber auch keinen Naturheiler. Ich weiß dann selber, was ich mach', daß man milde Sachen, schleimlösende, nimmt, und mehr ist da halt nicht zu machen. Wenn man sich klarmacht, daß man halt verrostet, nicht? So wie man einen Gewehrlauf reinigt, ist ja die Halserei auch nichts anderes. Daß man milde, ölige Sachen hineingibt und Honig und Milch, ist ja gar nicht so blöd, in die gute Luft gehen, dann verschwindet das. Entweder endgültig oder lebenslänglich, nicht, das ist halt die Frage.

Ich hab' zwar über Kopfweh geschrieben, über furchtbares Kopfweh, weil mich das immer interessiert hat, und mein Großvater hat irrsinniges Kopfweh g'habt, meine Mutter, eigentlich alle in meiner Familie. Nur ich kenn' das Kopfweh nicht. Außer nach dem Saufen. Mir tut's Kreuz weh, wenn ein Wetterumschwung ist, und sie spüren's halt im Kopf. Man ist ja dem Wetter irgendwie ausgeliefert. Das ist ja nicht sehr geheimnisvoll, wenn einem etwas wehtut. Da braucht man nur hinaufschauen, weiß man's eh. Nur in den Kopf ist mir nie was g'stiegen, eigentlich. Bei mir steigt's hinten hinein, und mich sticht's halt. Na ja, dem entkommt man ja nicht, das ist natürlich auch ein Reiz, aber wenn S' monatelang nicht schlafen, keine Nacht, und dann das schon als Glück empfinden, wenn S' einmal drei Stunden schlafen, ohne daß Ihnen was weh tut, dann ist das natürlich ziemlich reduziert.

Ich war heute mit meinem Bruder zusammen, der ist Internist, Gott sei Dank, weil da erspar' ich mir jeden schauerlichen Ärztebesuchsblödsinn, aber der wundert sich immer, was ich noch alles mach'. Der glaubt ja, in dem Zustand müßt' man schon jahrelang im Bett liegen und was weiß ich machen. Dann wär' ich ja nicht mehr auf der Welt, wahrscheinlich. Aber ich bin allemal noch relativ gut beieinander, und ich mach' lieber irgendwie zuviel als zuwenig, sonst wäre man ja erledigt.

In Lissabon war das eine Harnröhrenblockade, drei Tage lang nichts, und dann kommt plötzlich

Blut und Eiter. Darauf hab' ich meinen Bruder angerufen, und der hat dann gesagt »sofort ins Spital«, und es war höchste Zeit. Wenn man da einen Tag zu lang wartet – an dem gleichen ist mein Großvater gestorben. Ich bin aber noch aus eigenem mit dem Katheter zurückgeflogen. Und da's nicht zu spät war, war's früh genug und erledigt.

Meine Mutter ist zwei Jahre gelegen mit Krebs und ist dann auch gestorben, sie war schon wie ein Skelett, und meine Tante, die Sie eh gesehen haben, ist auch ein Jahr gelegen, und ich hab' sie gepflegt, mehr oder weniger. Sie war geistig einen Tag vor dem Tod hundertprozentig da, aber grauenhaft, nur noch Haut und Knochen. Ich weiß, was das heißt, ein sogenanntes normales Sterben ist ganz grauenhaft. Diese Leute hängen aber, auch wenn sie gar nichts mehr mitkriegen, noch immer am Leben, das ist so blöd, daß man gar nicht drüber reden kann. Also Tod und Leben, das ist doch ganz normal, normal und völlig natürlich. Blöd ist nur, wenn man jemanden so sieht, der so ist, und hingeht, das ist fürchterlich. Man baut dann ab und kann eben gewisse Dinge nicht mehr machen. Ich geh' halt in einen ersten Stock nicht mehr hinauf, oder so wie man auch nicht mehr schwimmt, eines Tages, oder dauerläuft. Und ich glaub' sogar so weit zu gehen, daß jemand, der noch nicht tot ist oder sich nicht umgebracht hat, irgendwie ein Glück hat. Auch wenn er im Unglück ist. Sonst würde er ja ein Ende machen. In dem Moment, wo das überwiegt, der Überdruß, wenn's so stark ist, daß man sich umbringen will, dann können Sie ja selbst über ihr Glück und Unglück entscheiden. Es ist ja nicht so, daß das vom Himmel herunterfällt. Oder wie man das den Leuten einredet. Es hat jeder sein Leben selber in der Hand, letzten Endes. Ich glaub', das ist natürlich sehr weit gegangen, aber man könnt' ohne weiteres sagen: Wenn jemand blind ist, für den wär' es das höchste Glück, auch wenn er wahnsinnige Schmerzen erleiden würde, halb verhungert ist, wenn er noch einmal sehen könnte. So hat er in dem Moment auch schon ein Glück. Und daß ich Sie nicht mit der Hacke jetzt erschlag', ist Ihr großes Glück. Ich könnte Sie ja wirklich jetzt umbringen. Zum Beispiel. Vielleicht wär' das aber ein großes Glück für Sie, das weiß man ja nicht. Oder für mich. So Mörder, denen ist es ja dann sofort bewußt, was sie angestellt haben, zwei Minuten nachher, zuerst kommt der Schock. Nach ungefähr zwei Minuten dann stürzt er hinaus und schreit: »Ah, i hab' eam umbracht!« Und so, wahrscheinlich, würd' ich auch handeln. Ich glaub' nicht, daß ich mit dem Mercedes ruhig wegfahren würde, Fenster auf: »Ich hab' wen umgebracht.« Ich glaube nicht. Also ich würde wirklich hinausstürzen, offenes Hemd, Hosentürl offen, irgendwie, daß man das Gefühl hat, der is' narrisch, damit mir weniger geschieht, da ist man dann schon ein bißchen gefinkelt. Also das könnt' ich mir denken, ja.

Glück haben Sie doch jeden Tag. Das Glück ist, glaube ich, so verteilt wie das Unglück, es trifft alle. Glück, das ist eine relative Sache. Und sogar der Einbeinige hat noch Glück, weil er eben noch ein Bein hat. Und der noch einen Rumpf hat und leben kann, hat Glück. Das geht so bis zum Ende. Wahrscheinlich ist das Glück. Und daß das Glück noch mehr sein sollte, als es eh ist, das ist wahrscheinlich nur Hochmut und unmöglich. Aber ich bin natürlich kein Landpfarrer. Ich protestiere ja gegen nichts.

Ich bin mit allem zufrieden, restlos.

Wahrscheinlich, weil ich so selbstzufrieden bin und so glücklich über alles. Im wahrsten Sinne des Wortes. Ich bin durch und durch glücklich, von oben bis unten, von der linken Hand bis zur rechten, und das ist wie ein Kreuz. Und das ist das Schöne daran. Eine katholische Existenz. Ich wünsche jedem Menschen Religion und all das, weil das ist wunderbar. Es ist alles wie Rahmsuppe.

Da kann man nichts machen. Sie kriegen einen Namen, der heißt Thomas Bernhard, und den haben sie lebenslänglich. Und wenn Sie einmal spazierengehen in einem Wald und es knipst Sie jemand, dann gehen Sie achtzig Jahre immer nur in dem Wald spazieren. Sie können dagegen gar nichts machen.

Wenn natürlich ein Reporter in irgendeinem Lokal sitzt und hört, daß Sie gesagt haben: »das Rindfleisch ist nicht gut«, dann wird der immer behaupten: »das ist der Mann, der kein Rindfleisch mag«, lebenslänglich. Derweil fressen S' vielleicht von da ab überhaupt nur mehr Rindfleisch.

Wem man den Stempel aufgedrückt hat »Ochse«, der ist ein Ochse bis zur Schlachtbank. Also weiß man, im Frühling frißt er Gras, dann Grummet. Beim Schriftsteller ist es auch so. Er hat da drauf'druckt »Schriftsteller«. Der Bauer, der ihn an den Schlachthof verkauft, ist also der Verleger, der ihn an den Buchmarkt verkauft. Was der Schriftsteller macht, weiß man. Wie die Kuh Gras frißt, frißt der Schriftsteller Gedanken in sich hinein. Ob's immer die gleichen sind oder andere, ist nicht seine Sache. Es ist höhere Eingebung. Vielleicht ist es auch das, daß ich, wie ich mit achtzehn Jahren in ein Spital gekommen bin, dort die letzte Ölung bekommen habe. Ich bin dann in ein Sanatorium und monatelang gelegen im Hochgebirge. Immer der gleiche Berg vor mir. Bewegen habe ich mich nicht können, und aus dieser Langeweile heraus und das Alleinsein mit diesem Berg, Monate und Monate – dann wird man entweder verrückt oder man fängt zu schreiben an. Und dort habe ich den Haß gegen Bücher und Schreiben und Bleistift durch Schreiben überwunden. Und das ist sicher die Ursache allen Übels. Aber alles bringt einen weiter, und von irgend etwas lebt man, und da macht man eben lauter Blödsinn im Leben. Das Leben besteht aus einer Aneinanderreihung von Blödsinn, wenig Sinn, aber fast nur Blödsinn. Egal, wer das ist. Ob das jetzt großartige, angeblich großartige Leute sind – alles armselig und führt zu nichts als zum Ende.

Da können S' daheim die Bücheln aufstellen, und die können S' dann anschaun. Und trotzdem mahlt man die Mühle weiter. So wie man sich angewöhnt, in der Früh einen Kaffee zu trinken oder einen Tee – Tee ist noch gescheiter –, so geht's mit dem Schreiben. Da werden Sie süchtig. Das ist auch ein Rauschgift.

Wenn Sie gern leben wie ich, dann müssen Sie halt in einer Art ständiger Haßliebe zu allen Dingen leben. Das ist so eine Gratwanderung. Direkt ausliefern, das wäre ja der Tod. Wenn man gern lebt, will man ja nicht tot sein. Jeder Mensch lebt gern, auch der, der sich umgebracht hat, nur hat er dann die Möglichkeit nicht mehr. Weil der Rückzieher nimmer möglich ist.

Man ist halt hin und her geworfen. Das ist der beste Lebensimpetus und Antrieb, den man haben kann. Wenn Sie nur lieben, sind Sie verloren. Wenn Sie nur hassen, sind Sie genauso verloren. Ohne Erotik lebt nichts. Nicht einmal die Insekten, die brauchen es auch. Außer man hat eine ganz primitive Vorstellung von Erotik. Das ist nicht drin, weil ich halt immer schau', daß ich das Primitive auch überwinde. Ich brauche weder eine Schwester noch brauche ich eine Liebhaberin. Das hat man alles in sich selber, manchmal kann man's ja benutzen, wenn man Lust hat. Die Leute glauben immer, wovon nicht direkt die Rede ist, das ist nicht da, das ist ja ein Unsinn. Ein achtzigjähriger Greis, der irgendwo liegt und diese Liebe schon fünfzig Jahre lang nimmer g'habt hat, der ist ja auch in seinem sexuellen Leben drinnen. Im Gegenteil, das ist noch eine viel tollere Sache von sexuellem Dasein als das Primitive. Ich schau' mir das lieber bei einem Hund an und bleib' selber stark.

Sexualität spielt bei jedem Menschen eine ungeheure Rolle, gleich wie er sie ausspielt. Er muß ja, die hat er ja. Es gibt keinen Menschen ohne Sexualität. Selbst wenn S' ihm Brüste, Schwanz und alles wegschneiden würden, wäre er auch noch total abhängig von der Sexualität. Da wär' er allerdings g'storben und ein totales Opfer der totalen Sexualität.

Es ändert sich kein Mensch

Um Katastrophen braucht man sich eigentlich eh nicht zu sorgen, die kommen schon. Aber vielleicht muß man sie heraufbeschwören, zeitweise, weil von selbst dauert's zu lang. Und dann geht man ein, und dann ist es halt nicht mehr lustig. Aber man hat im Grunde viele Möglichkeiten, man ist nur zu beherrscht und zu eingespannt in der Gesellschaft. Sicher, man könnte alles anzünden oder auch jemanden umbringen, auch mit dem Prügel rennen, vielleicht bringt das auch eine Neuerung. Lange Perioden kann man ja nicht nur von innen nehmen. Irgendwann ist Schluß, der Sack, der ist leer nach einer Zeit. Aber ob ich da in Ohlsdorf sitz' oder in einer Stadt, ist egal, weil dort sitzen Sie auch allein, wenn Sie nichts dagegen tun. Sie können in Bochum oder in Wuppertal auch so sitzen, oder wo zehn Millionen sind. Es kümmert sich niemand um Sie, wenn Sie nicht selbst etwas anfangen.

Ich sehne mich ja nach der Ruhe, wenn ich weg bin. Und wenn ich hierher komm', bin ich auch ganz glücklich. Dann komm' ich herein, aber schon wenn ich mein Waschzeug irgendwo hingelegt hab', packt es mich wieder, halte ich's im Grund nicht aus. So wie ich Sonntage eigentlich nie wollen hab', die habe ich immer gehaßt, weil's ruhig und unnatürlich ist. Vielleicht ist das auch ein Irrtum. Im Grund hab' ich mir immer eingebildet, ich kann nur am Land leben, weil die Lunge so ist, aber vielleicht ist das gar nicht wahr. Ich war jetzt auch draußen, wo's angeblich so ungesund ist, ich hab' mich sehr wohl gefühlt dort. Im Grund bin ich aber ein Mensch, der's nicht lang wo aushält. Harmonie, das halt' ich wirklich nicht aus, ich mag auch Familien nicht, wo so alles stimmt und Pseudo-Ruhe ist, mir liegt das nicht. Mein Bruder ist das ganze Gegenteil, der hat immer geschwärmt von Familie, Kindern und Harmonie und so. Ich bin froh, wenn ich sie nicht seh'. Mich irritiert das alles.

Es ändert sich eh kein Mensch. Er ist in der Grundlage schon so, als Kind, und insofern hab' ich mich nie geändert. Ich kenne dieses harmonische Familienleben, das kenn' ich doch eh alles. Da brauche ich doch nur wo hinfahren, das könnt' ich jeden Tag erleben, aber das ist ja auch alles verheuchelt, erstunken und erlogen. Da fahre ich dann irgendwo hin und sage mir, das hast du notwendig gehabt.

Natürlich hab' ich Umgänge, die sind dann zeitweise angenehm, das ist alles so, na ja, angenehm, aber ich seh' keinen Menschen hier, der der ist, von dem man im Leben meistens nur einen hat. Das Fatale ist dann, daß man alles dann an dem mißt, und sich mit Grauen ... Wie bei den Nachbarinnen, ich lieg' da mit der Lunge – »Ich bring Ihnen Mittag ein Essen« –, also Mittag, dann ist sie um sieben Uhr auf d' Nacht erschienen. Ich mit einundvierzig Fieber, dann hab' ich dem Nachbarn g'sagt: »Schmeißen S' die mit der Suppe bei der Tür wieder hinaus.« Wenn's darauf ankommt, können S' von den Leuten gar nichts haben, weil die Leut' sind nur drauf aus, die Hohldummheiten oder Interessantheiten zu sammeln. Aber menschlich? Man hat ja nur Freunde, wenn überhaupt, von ganz früher, wie man selber noch nichts war, also unbeschrieben. Ich hab' heute noch viele Freunde, die kenn' ich seit dem dritten Lebensjahr, aber mit denen hat man sich natürlich auch nichts mehr zu sagen. Sie können ja nicht immer Omeletten essen, und »weißt noch«, »kannst dich erinnern«, das geht einem so auf die Nerven. Das hört sich auch auf mit der Zeit, aber das sind noch die einzigen Leut', die man eventuell noch hemmungslos anpumpen könnte, um einen Tausender, denk' ich mir immer. Aber alles andere, später Erworbene ist ja nicht einmal den Müll wert, der da in dem Kübel liegt, das ist doch alles nichts.

Die Leut' haben ja wirklich keine Ahnung, das ist ja alles nur so oberflächlich, und da kletzeln sie sich irgendwie zwanzig Sätze heraus, die ich da lokalpolitisch gesagt habe, das hat ja damit nichts zu tun. Für die bin ich das dann. Und dann sagen s' dir immer wieder, »was haben S' denn da g'sagt«, das Ganze hat natürlich einen ganz anderen Hintergrund.

Heut' auch wieder, da kommt man irgendwo hin, lauter Nazis stehen herum, »Nixtuer, im Kaffeehaus sitzen und nix arbeiten«, das können S' dann alles hören, das hab' ich alles schon hinter mir. Heut' war eher ein arger Tag, überall, wo ich hingekommen bin, war's scheußlich.

»Der schreibt, das ist doch ein Blödsinn, weil es niemandem nützt und für nichts ist, keinen Wert hat, und man sieht auch nichts. Ein Parasit. Lebt von der Gesellschaft, tut nichts, fährt mit dem Auto herum, frißt, sitzt in der Früh schon im Kaffeehaus, macht ein böses Gesicht und lebt von undurchsichtigen Dingen. Also von Arbeit bestimmt nicht. Mit solchen Leuten sollte man kurzen Prozeß machen. Schimpfen nur über andere den ganzen Tag, sind nutzlos, sinnlos, und machen nur Theater und leben vom Theatermachen und reden den anderen ein, daß das was sei, daß Hirn und Geist irgendwas sei, aber wer will das beweisen ...« Ich hab' niemanden, also das weiß ich. Ich hab' zum Beispiel niemanden, auf den ich mich verlassen könnte, der dann da wär', wenn ich was brauch'.

Ich vertrage ja momentan nicht einmal eine Putzerin oder was. Also da kommt schon wer her, die ist aber reizend und geht wieder. Aber in Wien, die

Idee, daß da wer reingeht und dann ... das halt' ich nicht aus. Ich hab' mir ja auch immer alles selber gemacht, ich hab' in meinem Leben nie eine Sekretärin beschäftigt oder irgendwas, da in meiner Sache, nie nur eine Zeile. Mein Großvater hat Hartpostglanzpapier-Sekretärinnen beschäftigt, obwohl er angeblich nichts gehabt hat, und hat Unsummen Geld bezahlt für diese Leut', die Idee hab' ich ja nie gehabt. Ich mach' meine Sachen nach wie vor auf einem billigen Saugpostpapier und fertig. Wem's nicht paßt, der soll mich gern haben.

Da müßte man wirklich so ein böses Mädchen haben, die das alles tippt, schreibt, ordnet. Ich habe das einmal gesehen beim Zuckmayer, wo ich war, der hat ein eigenes Büro gehabt. Der ganze untere Stock war voll mit Leitz-Ordnern, mit Leserkontakten, alphabetisch geordnet, zu Zehntausenden, nehme ich an. Da waren zwei Leute, die das ununterbrochen gepflegt und aufrecht erhalten und geordnet haben. Bei mir gibt's gar nichts, weil ich laß mich in das alles nicht ein. Es geht nicht.

Man hat ja auch so mit Leuten zu tun, die nur zum Wegschießen sind, und in der meisten Zeit kommt man doch in Situationen, nach dem Sprücherl »in der Not frißt der Teufel die Fliegen«. Das sind die meisten Situationen: Daß man doch mit denen, die man eigentlich gar nicht aushält und für blöd hält, essen geht und was vor denen heuchelt. Man kann ja andererseits nicht allein sein, das kann man also wirklich nicht. Man kann das für lange Perioden, ich bin da eh sehr geschult, aber irgendwann muß da wieder was geschehen, und ich denk' mir dann wieder, ich bin natürlich längere Perioden allein als umgekehrt.

Manchmal stören einen die ungeheuerlichsten Dinge überhaupt nicht, dann ist man angerührt von Lächerlichkeiten, das ist so, das weiß man ja. Man ist ja schwach, man hängt einfach an einem Faden. Ein Mensch, der labil und wetterabhängig ist und Kreuzweh hat und nicht weiß, hält die Blase oder hält sie nicht, wieso soll er nicht auch abhängig von all diesen Dingen sein. Ist ja alledem ausgeliefert. Und wer schläft, schläft schlecht und ist eitel und gemein und brutal und sanft und sensibel und alles, da können Sie aufzählen, was Sie wollen, das werden Sie in mir finden.

Ich habe alle möglichen Beziehungen zu Frauen und zu Männern gehabt, die man sich denken kann. Was soll ich Ihnen sagen? Daß jeder Mensch völlig anders ist und Sie mit der Methode, mit der Sie dem einen Menschen gegenübertreten, beim anderen scheitern? Da müssen Sie halt eine andere finden. Und wenn Sie sie suchen, werden Sie sie nicht finden. Entweder haben Sie sie oder nicht, da gibt's keinen Raster, durch den alles durchfällt, auf Kommando. Man fühlt sich halt irgendwo hingezogen. Entweder werden S' dann halt angezogen oder nicht, und so weiter und so fort. Ob das Frau oder Mann ist, letzten Endes ist das auch wurscht. Es wäre viel segensreicher, wenn's mehr Männer täten, wahrscheinlich gäb's die Übervölkerung nicht so.

Ich hab' das Gefühl, daß Männer und Frauen immer nur experimentieren. Das ist meine Meinung. Weil das Zusammenleben und das Verhältnis zwischen Mann und Frau immer eigentlich ein Experiment ist, vom Mann aus gesehen. Und kein natürliches Ausleben. Das ist auch viel spekulativer. Weniger durchtrieben, weil die Frau ist viel durchtriebener und sicher spekulativer. Weil ich sehr selten mit Leuten zusammen bin, so ist mein Experimentieren immer sehr unterbrochen. Sogar oft Monate. Nachher experimentiere ich wieder leidenschaftlich, vielleicht ein paar Tage.

Nur manchmal hat man so ein Pseudo-Lustgefühl, und je mehr Sie nachdenken, desto scheußlicher müssen Sie alles finden, logischerweise.

Dann kann's auch wieder angenehm werden. Dann kommt so ein bißchen Triumphgefühl, das dauert auch nicht lang, wenn man dann wieder sieht, der Triumph beruht eigentlich auf sehr wenig oder auf fast gar nichts. Also das laßt sich nicht ändern. Aber das laßt sich immer wenden oder mehr drehen. Da müßte man wieder feststellen, was ist drehen, was ist wenden, und das würde nie enden. Und man käme auf nichts.

Jeder Mensch hat seinen Weg, und jeder Weg ist

richtig. Und es gibt, glaube ich, jetzt fünf Milliarden Menschen und fünf Milliarden richtige Wege. Das Unglück der Menschen ist eben, daß sie den Weg, den eigenen, nicht gehen wollen, immer einen anderen gehen wollen. Sie streben zu etwas anderem, als sie selbst sind. Es ist ja jeder eine große Persönlichkeit, ob der da malt oder zusammenkehrt oder schreibt. Die Leute wollen immer etwas anderes. Das ist das Unglück der Welt, achtundneunzig Prozent, oder geben wir noch ein Prozent dazu. Jedesmal, wenn S' mit jemandem reden, ist es ein Idiot. Aber Sie sind liebenswürdig, weil man ja kein Spielverderber ist, man redet mit den Leuten weiter, geht mit ihnen essen und ist lieb und nett. Und im Grund sind s' blöd, weil sie sich gar nicht anstrengen. Was man nicht gebraucht, verkümmert und stirbt ab. Da die Leute nur den Mund, aber nicht das Hirn gebrauchen, kriegen sie ausgeprägte Gaumen- und Kinnpartien, aber im Hirn ist halt nichts mehr da. So ist es meistens.

Ich schau', daß ich möglichst von nichts und niemandem abhängig bin. Das ist schon einmal die erste Voraussetzung, weil dann können S' schon einmal ganz anders agieren. Mit sich selbst auch. Es geht ja nur so.

Der Mensch wird logischerweise immer intelligenter, weil er im Endpunkt der Zeit ist, weil immer mehr in ihm drinnen ist als vor fünfzig, vor hundert Jahren, und so weiter. Das ist einerseits, wie man sagt, ein Fortschritt, andererseits wird er natürlich immer böser, je mehr er weiß. Weil er ja immer mehr sieht. Und die Leut' heute sehen viel mehr als die vor zehn Jahren, denn die konnten ja noch nicht wissen, was in den zehn Jahren passieren würde. Man bezieht das jetzt mit ein. Also ist man viel gescheiter. Und der Wittgenstein, wenn er heute lebte, würde nicht mehr so schreiben, wie er damals geschrieben hat. Das heißt, es ist weniger wert, als wenn es das wittgensteinsche Hirn heute denken würde. Dann wäre ja schon wieder mehr drinnen, nur ist das wittgensteinsche Hirn nicht mehr da.

Das finde ich halt sehr gut. Sind halt Sätze, die in sich auch wieder zerfallen und sich in nichts auflösen, nur sind sie halt sehr gut gebaut und regen die Phantasie mehr an als das meiste andere, das geschrieben worden ist.

Wenn da elegante Menschen vorbeigegangen sind, waren's immer Wittgensteins. Ich hab' ihn persönlich ja nicht gekannt. Nur seinen Neffen. Die Familie hatte eine Halbinsel und Häuser am Berg, das waren steinreiche Leut', bis heute. Das hat sich irgendwann ergeben, das weiß ich gar nicht, und auch der Köchert, der Juwelier in Wien, die sind ja alle verwandt, Wittgenstein, Köchert haben so palaisartige Häuser in Wien und waren Mäzene seit zweihundert Jahr', und der Hugo

Wolf, Johannes Brahms und wie die alle geheißen haben, haben dort übernachtet und gewohnt und Musikstücke für sie geschrieben, wohlhabende Leute, wo Millionen keine Rolle spielen. Da kann man ruhig sieben Millionen verschenken, wenn man hundert hat. Und ich kann ruhig als Schullehrer irgendwohin gehen in ein Dorf und mich »vereinfachen«, wenn ich auf der Bank von England vier Millionen Pfund hab'. Das ist doch gar nicht so unangenehm. Man kommt eben dem nicht aus. Man sieht, auch diese Leute suchen ständig Auswege und sind immer auf der Flucht. Das ist ein jeder. Auch der Kaminkehrer. Bis er dann einmal nicht mehr heraufkommt.

Der Verleger verlegt ja alles

Wenn man ein Buch schreibt, dann geben s' das dem Verleger, und der hat ein Geschäft. Der Verleger hat ja von Kunst und Literatur, von Geist überhaupt weder eine Ahnung, noch will er was damit zu tun haben. Er macht halt sein Geschäft unter dem Deckmantel, daß er für den Geist was tun will. Wenn er aber für den Geist nicht fünf Schilling kriegt, wird er für den Geist nichts tun.

Der Verleger ist immer nur eine einzige Person, die immer gleich geschäftstüchtig auftritt. Der mit der Aktentasche da hereinkommt, sie öffnet, lauert, bis Sie ihm das Manuskript geben. Irgendwas muß er sich versprechen, sonst tät' er's nicht, weil er ja kein Wohltäter ist. Und wenn das Manuskript in der Aktentasche verschwunden ist, möcht' er selbst auch schon verschwunden sein, weil dann hat er ja, was er wollte, und der das gemacht hat, ist ihm letzten Endes völlig wurscht.

Was ist das, ein Verleger? Ich könnte ja umgekehrt fragen. Was ist ein Verleger? Ein Bettvorleger, das ist eindeutig, was das ist. Aber ein Verleger, ohne Bett vorn, das ist schon sehr schwierig zu beantworten. Oder wenn jemand was verlegt, das ist ja ein konfuser Mensch, wenn er etwas verlegt und dann nicht mehr findet. Das ist ja eigentlich die Definition von einem Verleger.

Na ja, ein Verleger: Er verlegt Sachen und Manuskripte, die er annimmt, und dann findet er sie nicht mehr. Weil er sie entweder nicht mehr mag, oder weil er konfus ist, die sind nicht mehr da. Verlegt. Für ewig. Ich kenne nur Verleger. So großartig können sie gar nicht sein, daß sie eben nicht solche Verleger sind, die was verlegen. Und nachher ist es kaputt oder unauffindbar.

Ich hatte beim Veröffentlichen überhaupt nie Schwierigkeiten. Da war der Moissl, der war Lektor, und damals war ja der Müller der beste Verlag, und ich hab' gesagt, na ja, Trakl recht gut und schön, das ist immerhin schon vierzig Jahr' her, ich mein', ich leb' halt in meiner Zeit und das soll halt erscheinen. Da hat er so geschaut und gesagt, na ja, werden wir sehen, und wir haben uns hingesetzt und Gedichte ausgesucht, und die sind halt dann erschienen, ein Vierteljahr drauf. Das war nie eine Schwierigkeit.

Was zu veröffentlichen, davon leben zu können, das ist jetzt vielleicht seit fünfzehn Jahren, daß es irgendwie geht. Das war ja auf lauter Schulden und Arbeiten und dann halt meine Tante, die hat dann immer, wenn's vor der Konfiskation war, noch geschwind irgendeine Rechnung bezahlt. Auch nicht so einfach. Und jetzt ist der Erfolg da, auch finanziell. Ich hab' jetzt keine Schwierigkeiten finanziell, bin ja auch nicht sehr anspruchsvoll an und für sich und leb' allein, so geht das. Aber da waren ja nur Prügel und Hemmschuhe, weil die Leut' auch so blöd sind, sind ja immerhin seit zweiundzwanzig Jahren kontinuierlich in Amerika praktisch alle Bücher erschienen.

In Spanien praktisch alles, in Italien auch fast alles, Frankreich, was will man eigentlich mehr, ich hab' eigentlich noch nie etwas Negatives – ja, schon blöd, genau wie hier, aber mit einem ganz anderen Anspruch. Da kann ich dann lesen über »Auslöschung«, da steht dann drüber »Armer Wicht«, und das in zwanzig Zeilen, das ist so blöd, das erledigt sich von selbst, und in den ›Salzburger Nachrichten‹, weiß ich noch, »ein Möchtegern«, irgendsowas ist gestanden, das sind so Sachen, da kann man dazu gar nichts sagen. Das ist, weil sie alle in Ironie und Blödheit denken. Die Leute, die wirklich was verstehen, die sehen das ja ganz anders. Und ich weiß, daß ich maßlos untertreibe, daß das so harmlos ist, was bei mir steht, nur wenn man's noch mehr überzieht, glaubt einem ja gar kein Mensch mehr was. Aber es wird alles richtig sein, später einmal, weil dann ist ja alles eingeakkert, dann kann man da alles nachlesen. Das ist alles in einer relativ ruhigen Prosa beschrieben, was da war. Ich bin doch nicht ein Autor für Österreich oder für drei Gemeinden. Interessiert mich doch gar nicht.

Im Ausland, in der sogenannten romanischen und slawischen Welt, interessiert man sich für Literatur überhaupt mehr, die hat ganz einen anderen Stellenwert als bei uns. Literatur hat hier überhaupt keinen Wert. Hier hat Musik einen Wert, Schauspielerei hat einen Wert, alles andere hat eigentlich gar keinen Wert. Das war immer so. Eine Übersetzung ist ein anderes Buch. Das hat mit dem Original gar nichts mehr zu tun. Das ist ein Buch dessen, der das übersetzt hat. Ich schreibe ja in deutscher Sprache. Die werden dann ins Haus geschickt, die Bücher, und entweder machen s' Spaß oder nicht. Wenn sie scheußliche Umschläge haben, dann ärgern Sie sich ja nur, und dann blättert man's durch und fertig. Das hat mit dem eigenen, außer mit einem verschrobenen anderen Titel meistens nichts gemeinsam. Nicht, man kann ja nicht übersetzen. Ein Musikstück, das spielt man, wie die Noten stehen, überall auf der Welt. Aber ein Buch, das müßte man überall in Deutsch, in meinem Fall, spielen. Mit einem Orchester.

Sicher ist es eine Mordssache, wie fünfzig Klosetts, aber es ist mir auch wieder wurscht, ich bin ja da wieder in einer angenehmen Umgebung, weil, zum Beispiel, meine Geschwister sich überhaupt nicht interessieren. Die wissen ja gar nicht, was ein Stück oder ein Roman ist von mir. Das ist denen egal. Die ideale Umgebung. Ich meine, ich will mich ja nicht präsentieren, weder großartig noch schlecht.

Ich habe ja mehr gesagt, wenn man die Bücher liest, aber die Bücher lesen ja die Leute nicht. Was ich seit fünfundzwanzig Jahren in allen Büchern geschrieben habe, das ist ja alles vollkommen eingetroffen. Jedes Buch von mir ist voller Resolutionen.

Das Theater als Sumpfverein

Das Mieseste ist die Menschheit an und für sich. Sie können da nicht irgendwen ausschalten, glaub' ich. Alles, was man näher kennenlernt, wird unappetitlich und ungut, wenn Sie sich näher damit beschäftigen. Wenn man näher hinschaut, dann ist das nicht zum Aushalten. Ich weiß halt, was ja sicher nicht schlecht ist, wie es bei berühmten Schauspielern war.

Ich kann mich erinnern: Da bin ich immer in Proben gegangen, als Bub, in die Felsenreitschule in Salzburg. Dort war halt dann der Werner Krauss als Caesar. Ist ja allein schon komisch, wenn man das ausspricht, nicht, der Werner Krauss als Caesar. Das ist einfach blöd. Ich meine, das ist einfach grotesk bis dorthinaus! Und der Ewald Balser als Brutus, nicht? Wo der Krauss wirklich ein großartiger Schauspieler war und der Balser ein Nichts! Der war ja nichts, der hat nur eine sonore Stimme gehabt, völlig hohl, und sein Hirn war so wie sein Bauch, so dumm. Und da weiß ich noch, daß der Josef Gielen, der damals Regie gemacht hat, dem alles hat erklären müssen, und da hab' ich mir gedacht, na, und die sind so berühmt! Wie man so dumm und so berühmt sein kann! Denen muß man eigentlich jeden Satz vollkommen erklären, und dann muß man ihnen sagen, schau, du mußt ja denken, was der gesagt hat, und du reagierst jetzt so drauf – das kapiert der nicht. Je berühmter sie sind, desto dümmer sind sie. Bei der Generalprobe ist das ganze Stück umgestoßen worden. Da hat's also geheißen: Die Soldaten nicht von rechts, sondern von links herein, und da war das totale Chaos hergestellt. Den haben die Nerven verlassen bei der Generalprobe, und die Premiere war im Grund halt gar nichts. Aber in der Felsenreitschule und dieser ganze Sternenhimmel, da sehen die Leute ja von Kunst eh nichts, da können S' ja machen, was Sie wollen, wenn nur die Rüstungen lieb ausschauen und irgendwas gesagt wird. Was gesagt wird, ist gleich, es muß nur möglichst hohl und deutlich und bombastisch g'sagt werden. Dann können S' drei Stunden ausfüllen. Und beim Applaus, weiß ich noch, daß der Werner Krauss sich in einem Trenchcoat und mit einer Aktentasche verneigt hat, weil draußen schon das Taxi gewartet hat, das ihn zum Flugplatz brachte, weil er in Hamburg in der Nacht Filmaufnahmen hatte. Da hab' ich mir gedacht, schau, das ist die große Theaterwelt. Das war in den fünfziger Jahren.

Aber Musik ist immer schön. Oper ist immer schön, weil es ist ja wurscht, was die singen oder reden oder ob s' dumm sind. Wenn die Stimmen schön sind und die Einsätze stimmen und die Musik gut ist, dann kann nicht viel passieren. Aber Geist auf einer Bühne, das ist nicht zu vermitteln, weil keiner da ist. Es ist halt scheußlich.

Grad die Salzburger, die hassen mich ja, die müssen mich ja wie die Pest hassen. Das ist ja belustigend. Nur, wo nichts ist, kann auch kein Regisseur etwas machen. Ich bin ja nur für gute Arbeit, eine rücksichtslose, und aus, fertig. Ich könnt' ja nie mit diesem ganzen Kram, der da noch so mitspielt, was zu tun haben. Und mit der Aufsässigkeit dieser Leute dort, der Bühnenarbeiter und so, die da ganz straff organisiert sind und wie die Maurer dann alles hinhauen. Da kann man ja kein Theater machen. Das hat ja mit dem gar nichts zu tun, das ist ja ein Sumpfverein, aber kein Theater.

Es ist wie überall in Österreich, wenn man hineingeht und alles aufmacht. Man hat dann das Gefühl, schon beim Hinausgehen, daß das alles im Grunde hinten schon wieder zusammenbricht. Da wird schon wieder telefoniert und so, das hat keinen Sinn. Die Leut' kann man nicht einmal mit Verträgen an irgendwas binden. Sie finden immer Hintertürln und Juristen und Geschichten, mich interessiert das nicht. Ich laß mich mit sowas gar nicht mehr ein. Entweder es wird so gemacht, wie ich es mir vorstelle – es wird ja dann sowieso nicht, wie man glaubt – oder halt nicht. In Salzburg war's ja das gleiche, da war ja auch alles Lug und Trug letzten Endes.

Ich hab' ja auch keinen Kontakt zu den Schauspielern, das interessiert mich doch gar nicht. Es gibt nichts Fürchterlicheres als Schauspieler, wo sie dann nachher zusammensitzen, das mach' ich ja nie. Ich hab' doch ein einziges Mal so einen Blödsinn gemacht, dann werden Sie von einem jeden angestrahlt, und jeder glaubt, man muß zu ihm sagen, er war der Beste, das ist ja so primitiv.

Die haben ja ihren Beruf gewählt. Ich hab' meinen auch gewählt, bewußt. Es gibt doch da keine Entschuldigung oder irgendwas. Das ist ein hartes Geschäft und fertig. Entweder du entsprichst oder du entsprichst nicht, es gibt ja nur das Kriterium, was anderes gibt's ja nicht. Da hat die Sentimentalität oder Verlogenheit nichts damit zu tun. Ich kann mir auch überhaupt nicht vorstellen, mit österreichischen Schauspielern was zu machen. Die können nicht einmal reden.

Ich hab' mir in Wien dieses Begräbnis angeschaut, ich bin mit der Straßenbahn vorbeigefahren, wie diese Hörbiger-Geschichte war. Da habe ich diese Schauobelisken von der Leichenbestattung gesehen. Da hab' ich mir gedacht, ich steig' jetzt aus und schau' mir das an. Dann bin ich wie ein Journalist im hellen Manterl dagestanden, gierig diese Pseudoleichengesellschaft anstarrend, und hab' mitgehört und mir die alle angeschaut, wie scheußlich sie alle ausschauen. Wie sie da so im Trott herumgehen, völlig abgetakelt, verkommen, erledigt, klapprig, verlogen, von fünfundneunzig angefangen bis zu den Jungen, die aber auch schon so mitschreiten, weil man so tun muß. So ist es. Schauspieler kriegen Blinddarmentzündungen und sterben. Buchstaben sterben nicht, das ist der Vorteil der Prosa!

Mit der Prosa verdien' ich sowieso kein Geld. Da können Sie alle jungen Dichter nehmen, die verdienen alle viel mehr. Da ist nichts drinnen und schwingt sich über ein paar tausend Exemplare, wie bei Anfängern, überhaupt nicht hinaus. Das ist heut' noch so, da ist nichts zu holen, da kommt der Verleger grad auf seine Kosten, aber auch nicht mehr, weil er außerdem auch nichts tut, und ich ihn nicht zwing', weil mir das wieder gleich ist. Wenn ich ein Geld verdien', sind's nur die Stücke, oder wie man's halt nennen will. Ich weiß nicht, ob das Stücke sind, das ist auch wurscht, es ist halt was fürs Theater, Schluß. Und das ist eben für mich ein Spaß und für einen gewissen Schauspieler auch. Und vor allem ist es so: Wenn's für die keinen Spaß macht, machen sie's eh nimmer, da brauch' ich mich drum nicht zu sorgen. In dem Moment, wo das nicht einen Spaß macht, macht's ja niemand. Das ist ja alles so simpel und einfach. Es wird niemand gezwungen, irgendwo was aufzuführen oder irgendwas zu lesen, das ist bei all diesen Leuten der freie Wille. Nur kann man den ruhig auch verhindern, wenn man das Gefühl hat, dieser freie Wille ist eigentlich nur Selbstzweck und schadet mir oder macht mir schlechte Laune. Dann werde ich das doch nicht machen.

Bücher wären ja völlig unergiebig auf einer Bühne. Können Sie sich vorstellen, daß ein Landarzt mit seinem Sohn endlos dahingeht auf der Bühne, mit seinem Arzttascherl? Es würde in einer Viertelstunde oder in einer halben, bei ganz großen Schauspielern nach einer halben Stunde, der Vorhang fallen. Ich bin ja der Meinung, man könnt' auch einen Scheißdreck darstellen. Der Vorhang geht auf, und es liegt ein Gackhaufen dort, und immer mehr Fliegen kommen herein, und dann fällt halt wieder der Vorhang. Also ich mein', letzten Endes – das geschieht ja am Theater, es war ja immer so. Ob der Vorhang aufgeht und ein Haufen Kuhdreck oder der Hermann Bahr dort liegt, auf der Bühne, ist ziemlich wurscht. Wenn's gut gemacht ist. Dagegen ist nichts zu sagen.

Die Leute sind ja zu allem zu präparieren. Sie können ein Theater füllen mit bestimmten Leuten, die angereichert worden sind durch Zeitungen und so. Wenn ihnen monate- oder jahrelang gesagt wird, dort kommt das große Ereignis, dann können Sie ja die Leute auch bestechen. Wie beim Allgemeinen Krankenhaus können Sie es beim allgemeinen Theater genauso machen. Bestechen Sie die Leute, und dann kriegen Sie auch das Publikum und Sie kriegen die Kritiker. Dann spielt sich drei

Stunden halt so was ab, und die finden das grandios. Es könnte ja auch grandios sein, denn es ist ja gar nicht gesagt, daß es das nicht ist. Ich finde ja, wenn ein großer Schauspieler stundenlang nur dort sitzt und mit dem Fuß wackelt oder so, dann könnte es auch großartig sein.

Ich glaub', spielen wollen mich bestimmt die Schauspieler. Also Theaterdirektoren lehnen das im Grunde ab, weil sie nicht viel damit verdienen, auch keinen Ruhm ernten beim Publikum, was die Stücke betrifft, aber den Schauspielern gibt es halt was. Ja, ich weiß, daß am Burgtheater Schauspieler sind, die diese Sachen im Grunde nicht spielen wollen, weil sie ihnen zu schwierig sind, zu langwierig, und außerdem im Hintergrund keine Garantie auf Erfolg von vornherein da ist. Die Schauspieler, die sind so. Die wollen ja, wie beim Zauner, köstliche Sachen servieren und sich des Preises sicher sein, den sie kriegen. Und das steht schon auf der Speisekarte drauf, was sie dafür kriegen. Bei mir servieren sie Dinge, und sie kriegen eigentlich nichts.

Das Burgtheater ist so, ich kann mich erinnern, daß das erste Stück von mir am Burgtheater, das war ja die ›Jagdgesellschaft‹ damals, es war gedacht, daß das die Wessely spielt und der Bruno Ganz, und für die war das ja auch geschrieben. Und der Ganz hat sogar Sachen aufgegeben, Stücke an der Schaubühne, nur daß wir das halt dort machen, und dann sind im Burgtheater die Schauspieler alle aufgestanden und sind als Abordnung in die Direktion gegangen, ich weiß nicht wieviel, und haben gesagt, der kommt uns nicht ans Burgtheater, dann machen wir einen Stunk oder irgendsowas, und die Wessely hat's davon abhängig gemacht, ja wenn der nicht spielt, mach' ich es auch nicht, und ich hab' so einen blöden Vertrag gehabt, daß ich nicht mehr aussteigen hab' können, ohne mich völlig zu ruinieren, und dann ist das eben jämmerlichst, muß ich sagen, mit dem Bissmeier, halt so gelaufen. So ist das Burgtheater. Es ist wie überall in Österreich.

Mit normalen Schauspielern kann man eh nichts machen, das sind höchstens sechs Wochen, also in sechs Wochen kann man so etwas nicht proben. Das geht, wenn der Minetti das gespielt hätte, weil der hat sich nichts dreinreden lassen, der hat das völlig für sich gemacht, und der Dorn, der ist halt daneben gestanden, und der Minetti hat sich das arrangiert. Dann geht's. Halbwegs. Bernhard Minetti hat halt eine unglaubliche Erfahrung, Jahrzehnte, und hat ganz bewußt mitgemacht. Also nicht nur als beamteter Schauspieler, sondern mit allem Raffinement, mit aller Scheußlichkeit. Mit dem kann man sehr angenehm reden. Weil er völlig offen ist, also gut erhalten. Er wirkt eigentlich jung, aber mit der Erfahrung dazu, die er eben hat. Oft reagiert er wie ein Zweiundzwanzigjähriger, während diese anderen Leute, wenn sie fünfunddreißig sind, schon verbraucht sind und nur noch Marionetten der Theaterwelt sind. Sie lassen sich jonglieren und haben nichts Eigenes mehr.

Dabei hat er aber Operationen und lauter Nägel in den Knochen, das ist alles verchromt und verschraubt. Und immerhin, wenn ich mir das vorstelle, jetzt ist er beinahe achtzig und spielt da viermal in der Woche den ganzen Abend. Dann fliegt er nach Bochum, legt sich eine Stunde hin, dann spielt er wieder und ist Stunden auf der Bühne, den ganzen Abend. Dann geht er bis zwei Uhr früh aus, und dann sagt er, er möchte aber beim Frühstück wieder dabei sein. Und mit sechzig sind die meisten Leut' uralt, lassen sich in nichts mehr ein, haben ihr Einfamilienhaus irgendwo und machen davon abhängig, wie ihre Theatersache weitergeht, also vom Gemüsegärtlein und vom Lieblingsspaziergang, den sie machen.

Ich hab' das Glück mit dem Peymann. Man darf halt keine schlechten Leute nehmen. Dann geht's daneben. Und immer, wenn ich einen Kompromiß gemacht habe, war die Sache tot. Ich war selber schuld, weil ich das selber hätte sehen müssen, auch gesehen hab', aber schwach geworden bin. Und wenn man schwach wird, ist alles hin. Und Sie kriegen dann noch alle Schuld aufgeladen, selbstverständlich, logischerweise fällt Ihnen alles auf den Kopf.

Es gibt so wenig intelligente Schauspieler, in Wien findet man gar keine. Es muß ein Schauspieler ja nicht weiß ich wie gebildet oder hochintelligent sein, aber dann muß er wieder eine Qualität haben, wie – ich weiß nicht, wie Käthe Gold oder so wer. Der Peymann ist halt auch umgeben von lauter Idioten, muß sich einlassen mit politischen Leuten, weil er sonst einpacken und morgen wegfahren müßt'. Das ist doch alles scheußlich. Der muß mit lauter Leuten essen gehen, die einem die Schuhe ausziehen, und ist von lauter Hemmschuhen umgeben, von lauter Arschlöchern, die sich wie Blei dranhängen, und die nur Schmalz um den Mund schmieren. Das ist doch alles furchtbar in Wien. Das ist mir ganz wurscht eigentlich, wo er das aufführt, letzten Endes. Ich mag den Peymann gern, aus, fertig. Als Person.

Man sagt, es geht niemand hinein, es ist fad. Das ist ja alles falsch. Weil in meine Stücke so viel Leut' hineingehen wie bei keinem anderen lebenden Autor. Das ist doch alles falsch, was die Leute glauben. Wenn ich denk', schon neunzig Male bei ausverkauftem Schillertheater, können Sie sich das vorstellen? Ein Einpersonenstück mit einem kleinen Mäderl. Ich hab' gesagt, er kann machen damit, was er will. Ich hab' nie gedacht, daß der das überhaupt spielt, neunzig Mal, das muß man sich vorstellen. Und dann sagt aber der Herr Blaha, das ist ein Autor, wo alle hinausgehen, weil's so langweilig ist. Ich kenn' auch nichts anderes, wo sich die Leut' so gut unterhalten. Das sagt aber nicht, daß mir das schon genügt. Der Spaß ist eben die Zusammenarbeit mit diesen Leuten, das ist der Hauptgrund.

Hingegen bei der Prosa, was können S' machen? Sie können das abliefern und sagen, ich möcht', daß das so ausschaut. Meine Umschläge entwerfe ich auch selber. Ich mache alles selber, weil das ja sonst auch alles blöd wird. Weil, nur wenn S' was Simples machen, schaut das gut aus und wirkt auch. Wenn S' Graphiker, die da drin berserkern, drüberlassen, dann ist es ja nicht zum Anschauen, abschreckend und grauenhaft. Das schalt' ich ja alles aus. Bei mir kommt da kein Graphiker mehr drüber, der dann glaubt, man muß einen Schuh abbilden drauf, weil wer geht in dem Buch. Das ist ja so primitiv.

Und Theater an sich hat mich schon immer fasziniert, von Kind an. Das ist ja nichts Neues, damit spielt man halt. Sie schreiben ein Stück, das für die und die Leute ist und das die dann spielen, wenn sie's machen. Theater ist ja eine diffizile, charakterlose Angelegenheit. Mit Charakter ist ja noch kein Theaterstück entstanden, mit Moral auch nicht. Sind lauter Schweinigeln und lauter schwache Leut'. Und aus dem kann unter Umständen was Größeres oder weniger Scheußliches entstehen. Und außerdem, so großartig sind die Sachen alle nicht. Ich war neulich im Theaterhaus, und das war so scheußlich, das war so grauenhaft, wie ich in meinem Leben überhaupt noch nie eine Aufführung gesehen hab'! Unmotiviert, hirnlos, und die Leute haben auch richtig reagiert, indem sie drin gesessen sind und das für bare Münze genommen haben. Es war eben nichts. Weil die Schauspieler unmöglich waren. Die spielen das jetzt schon so, nach einem Jahr. Da fahr' ich hin und zieh' das ab und fahr' wieder weg. Das hat ja mit Theater, wie ich's mir vorstelle, nichts zu tun. Das gelingt eh meistens nur zehn, zwölf Vorstellungen lang. Da wird's am besten, dann sackt's ja wieder ab. Da müßt' man's am Besten wieder an die Hand nehmen, die alle auspeitschen und noch einmal von vorne anfangen und ihnen sagen, wie scheußlich sie alle sind. Wenn man's laufen läßt, wird es so grauenhaft, daß man damit gar nichts mehr zu tun haben kann und will. Das ist wie die Buttererzeugung im Milchhof.

Ich bin ein Gegner von Anweisungen, das erdrückt ja jedes Stück. Regieanweisungen ergeben sich von selbst aus dem Text. Und Schriftsteller, die so was machen, sind immer die schlechten. Je mehr Anweisungen, desto weniger Freiräume, für den Schauspieler und den Regisseur. Es müßte der Text so zwingend sein, daß völlig daraus hervorgeht, was das ist, und wenn der Text die Kraft nicht hat, dann nützt das gar nichts, wie beim

Hochhuth oder so Leuten, wo's dann fünf Viertel Anweisungen gibt und ein Viertel unmöglichen, lahmen Text, nämlich ungeistig, unemotional, unpoetisch, also alles mit »un«. Beim Shakespeare, da gibt's keine Anweisungen. Mehr als »das steht in einem Palast oder auf einem Thron«, »links« oder »rechts«, gibt es nicht. Es ergibt sich alles aus dem Text. So müßte es eigentlich sein. Das heißt, man sieht ja alles, das muß man ja nicht hineinschreiben. Nur sind die Schauspieler so primitiv und blöd, daß man ihnen eigentlich immer alles sagen muß, wenn es nicht hervorragende sind. Aber Berühmtheit schützt vor Blödheit nicht. Ich habe mit siebzehn, achtzehn Jahren bei Proben, wo ich mir an den Kopf gegriffen hab', gedacht, was ist das, ein weltberühmter Mann, und dem muß der Regisseur noch sagen, wenn dein Partner das sagt, mußt du das denken. Und so arbeiten die an den Stükken. Ist doch unmöglich. Und bei Namen, wo man als Kind auf den Hintern fällt vor Bewunderung. Und die Leut' sind nicht einmal wert, daß man ihnen mit dem Kochlöffel eine auf die Finger gibt. Das gibt's aber immer und überall.

Das Theater bringt mir außer Geld einfach die Erhaltung meiner Freundschaften, oder Menschen, Beziehungen zu Menschen. Weil Sie im Theater zwangsweise, ob Sie wollen oder nicht, mit Leuten zusammenkommen. Kommen S' mit einem Bühnenbildner zusammen, mit dem reden S' und unterhalten sich, wie das sein soll, und da treffen Sie einen Schauspieler, und dann sehen Sie, aha, vor drei Jahren haben S' ihn gesehen, jetzt ist er drei Jahre älter und Sie sind es auch, jetzt hat er mehr Humor oder weniger, jetzt hinkt er am linken Bein oder nicht, das ist alles sehr spannend. Und der eine wird krank und der andere stirbt, der dritte mag dann nicht mehr, das ist doch alles aufregend.

Die Möglichkeiten von so einem Schauspieler sind ja eigentlich noch größer, aber die Sache selbst ist auch wieder eine lahme, die Verwirklichung ist immer lahm. Es wird einerseits oft was Besseres, als ich es mir vorgestellt habe, aber oft was anderes. Also ist es wieder unbefriedigend.

Ich beschimpfe überhaupt niemanden

Kein Mensch ist so objektiv, daß er irgendwie einen anderen einschätzen könnte. Wenn er das macht, so ist es aus irgendwelchen Beweggründen: Entweder aus Selbsterhaltung lobt er ihn, oder er verachtet ihn. Das ist immer Diplomatie. Wenn Sie den Pollini fragen würden: »Signore Pollini, wie finden Sie den Herrn Benedetti-Michelangeli?«, dann gibt er Ihnen entweder eine Watschn oder er findet das einfach empörend. Das kann man nicht beantworten.

Nur wenn sie dann ganz alt sind, so wie der Rubinstein, dann sagen sie, alles ist ein Scheißdreck, außer das, was ich mache. Und ich bin auch restlos überzeugt, weil er absolut der Beste ist. Und da kann er das ruhig sagen. Und wenn er dreimal sowas macht, ist es völlig eindeutig, daß er alle Jungen noch einsteckt und besser ist. Nur, er stirbt, und ein anderer ist wieder so gut.

Als junger Mensch wollen S' ja überall hinein. Da schreibt man und schreibt man und rennt den Verlegern die Tür ein und will bei jeder Zeitung hinein. Wie ich angefangen hab', war ich ja versessen auf solche Sachen. Habe mich bei jedem Preisausschreiben beteiligt, hab' allerdings nie einen gekriegt, ich hab' sicher mindestens fünf, sechs Mal beim Trakl-Preis eingereicht, den hat dann immer der Amanshauser gekriegt oder irgendwer. Ich bin ja auch oft zur Jugendkulturwoche gefahren, da haben s' dann vom Amanshauser zehn Gedichte gelesen und von mir eines mit vier Zeilen, das war immer die Degradierung und die Rivalität, und dann will man gedruckt sein, und dann, mein Gott, ich weiß noch, ich war so stolz, im ›Münchner Merkur‹ war einmal ein Gedicht drinnen, da habe ich mir gedacht, das ist eigentlich ein Höhepunkt. Ich meine, so ist es. Bin im Mirabellgarten gesessen, hab' das aufgeschlagen gehabt, war so fasziniert, erstens über's Gedicht, weil ich gedacht hab', es ist das beste, nicht das jemals geschrieben worden ist, das wäre übertrieben, aber in meiner Zeit, so habe ich mir das gedacht. Na ja, und jeder, der vorbeigeht, weiß, das ist der, der das große Gedicht geschrieben hat. Das ist Glück zum Beispiel.

Das hab' ich gemacht, ja, ich hab' das ja sicher zehn Jahre intensiver gemacht, mit Gier direkt, für alles war ich da zu haben, am Anfang, in der Gedichtezeit, und wie ich dann vierzig war, war's aus. Ich bin doch überall hingefahren, und Radio und was weiß ich, was ich alles gemacht hab'. Ich hab' ja auch davon gelebt.

Da hat's mir plötzlich gegraust, weil ich mir gesagt hab', ich halt' das nicht aus. Wenn du sie dir anschaust, es sind ja immer die Gleichen. Ich lese was vor, wovor mir selber schon graust und was mich selber schon gar nichts mehr angeht, weil ich bin ja weg davon. Und nachdem ich damals eben auch schon das Geld nicht mehr so gebraucht hab', und außerdem lebe ich – ich gebe ja nicht viel aus, ich mache ja kein Leben wie normalerweise solche Leut', das mach' ich nicht, ich brauch' ja fast nichts –, also war das auch kein Grund mehr dann und fertig. Und mit der Ehre, das ist ja schon sehr früh zerschellt, die war ja sofort weg. Die war schon bald weg, und diese ganze Verlogenheit von diesen Preisen und Geschichten, das ist doch alles grauenhaft.

Es war auch so beim Büchner-Preis, das war ja nur noch schauerlich, und dabei ist das schon zwanzig Jahr' her, scheußlich irgendwie. Die Leut' verstehen das nicht und fragen dann trotzdem irgendwie an beim Verlag oder bei Ihnen, dort wie da, das oder so, und ich sag' dann nein, und ich sag' schon jahrelang dem Verlag nein, das verstehen s' nicht, weil die natürlich alle selber so sind, daß sie sich das alles so wünschen und gern haben und jeder Plakette nachrennen. Fürchterlich.

Das ist doch eine Unverschämtheit und Infamie, aber auch Blödheit von den Leuten, die da hingehen und von vornherein wissen, was das ist. Ganz scheußlich so was. Außerdem kann man ja Literatur nicht beurteilen, indem man ein Lesestück anhört. Was soll denn das? Das ist ein reiner Unfug, weil man das akustisch gar nicht aufnehmen kann.

Man kann es aufnehmen, aber nicht beurteilen. Sieht man auch die Kreaturen, die dort sitzen. Das ist doch alles ein Blödsinn. Aber solche Sachen hat's ja immer gegeben, und die tauchen halt auf und verschwinden wieder. Und was sind hunderttausend Schilling, die sind ja auch eine Frechheit. Ich würde sagen, na gut, die sollen eine Million geben, so einem jungen Schriftsteller. Dann würde der entweder erledigt sein, oder er hätte wirklich was davon. Das ist für den Staat kein Geld. Der Staat, der Milliarden beim Fenster rausschmeißt, der könnte doch für solche Sachen zweimal im Jahr wirklich was ausschütten. Ist ja nichts, hunderttausend Schilling, nicht, das hat ja der Ranicki im Monat. Mehr hat der, nämlich hundertzehntausend Schilling Monatsgehalt. Das ist doch lächerlich. Und was sind das auch für Leute. Der geht dann die Festspiele besuchen mit seiner Frau im langen Abendkleid und redet dort über Literatur und hört sich dann ›Cosi fan tutte‹ an. Ist begeistert beim Achterl Wein in der Moser-Weinstube und findet das großartig. Ist ja alles ein Blödsinn.

Seit fünfzehn Jahren hab' ich alles weggeschmissen, was so einen offiziellen Anstrich oder überhaupt so irgend etwas gehabt hat. Ich hab's durchgelesen, weil's mich interessiert, und dann schmeiß' ich's weg und beantworte das alles natürlich auch nicht. Mich wundert das wirklich, daß, wenn man zehn Jahre alles wegschmeißt, immer noch was kommt. Das wird eh spärlicher, aber immer noch kommen direkt naive Einladungen. Ahnungslos: Wir würden uns und so, und wir zahlen Ihnen das, und geben Sie uns Nachricht ... ich denk' mir, wie arm die doch sind.

Ich laß mich auf gar nichts mehr ein. Ich schmeiß' alles in den Papierkorb. Laufend krieg' ich da Einladungen zu Kongressen in Santander, in Salamanca oder in Madrid oder irgendwo, das ist ja alles scheußlich. Das sind so Allerweltstreffen, wo sich ihresgleichen treffen. Acht Tag' fressen sie sich an, sie kriegen ein Auto mit Chauffeur zur Verfügung, sie haben ein Appartement im Palace-Hotel bestellt. Da können die lang warten, daß sie von mir eine Antwort kriegen.

Sie glauben's dann doch nicht, das ist ganz eigenartig, die können sich das nicht vorstellen, daß da wer auf acht Tage umsonst wo verzichtet. Allein die Idee, daß mich dann dort wer abholt, der mir schon grausig ist, und ich mit dem gehen muß, das hab' ich doch früher alles gemacht, und seine Frau wartet schon und hat schon gekocht, das ist doch grauenhaft, es kann doch nie so viel bezahlt werden, daß man das aushält. Dann sind S' dort gefangen, dann werden S' noch hingeleitet, dann sind S' wochenlang erledigt.

Nehmen Sie den P.E.N.-Club. Ich bin ja nirgends dabei, ich war ja nie wo dabei, oder ich bin wieder davongegangen. Also P.E.N.-Club, was soll das sein? Da war ich noch mit der Spiel essen, die war bei Bekannten von mir, bei denen war ich auch, dann haben die gesagt, die Spiel liegt im Sterben. Ich bin am Sonntag beim Kobenzl, steh' nach dem Essen auf, da kommt die quicklebendig mit ihren Kindern und Enkelkindern daher. Also, ich mein', die kuriose Welt. In Amerika ein paar Wochen, dann war sie in Bled, da war auch so ein blöder P.E.N.-Kongreß. Das ist ja sowieso ein dummer Verein. Das sind doch alles nur Gschaftlhuber, die halt zweimal im Jahr an einem schönen Ort eine Woche verbringen, völlig sinnlos. Und, vom Staat subventioniert, kriegen s' ihre Fünfsternbetterln. Alles scheußlich.

Mich interessieren aber die anderen auch nicht. Das ist doch mir alles wurscht. Ich bin doch kein Gesellschaftsmensch. Ich nehm' doch an solchen Dingen nicht teil und solchen Geschwätzgeschichten.

Bei denen, die P.E.N.-Club-Kongresse machen zu hunderten, Sie werden mich dort nirgends finden. Weil das ja alles ein Unsinn ist und weil's wurscht ist, ob diese Leute sich in Moskau ansaufen und anfressen oder in New York. Oder auf den Philippinen oder in Nicaragua. Das sind alles grauenhafte Leut', die mit sich selbst nicht zu Rande kommen.

Also sie werden eingeladen! Momentan ist's modern. Da steht dann immer an erster Stelle:

»Und schon zugesagt hat Umberto Eco.« Wen haben s' denn dann noch? Norman Mailer. Es ist nicht zum Aushalten, da können S' doch nicht wo hinfahren, was tun S' denn dort? Das ist so grauslich, schauerlich, das ist diese ihre Welt.

Ich nehm' doch seit fünfzehn Jahren keinen Preis mehr an. Weder Preise noch sonst was. Aber die meisten sind ja schlau, weil sie da vorher fragen. Das ist dann aber wieder blöd, denn dann suchen sie sich einen anderen. Ehre ist ja sowieso ein Blödsinn. Das hat nur einen Sinn, wenn man kein Geld hat oder jung ist, oder alt ist und kein Geld hat. Wenn man das Auskommen hat, so wie ich, dann braucht man doch keinen Preis anzunehmen. Die Ehre ist ja ein Pfifferling, das ist ja ein Unsinn. Ich kenne nur grausige Leut', die das verteilen. Wenn ich mir vorstell', der Canetti, der da auf der Freitreppe im Frack steht, und der König vorm leergefressenen Teller dort sitzt – kein Mensch hat den angehört, das arme Würschterl.

Ich war schon zweimal für den Literaturnobelpreis vorgeschlagen, aber eben nicht von da, sondern von den Deutschen. Das ist ja wieder besonders interessant, wenn mich der deutsche P.E.N.-Club-Präsident zweimal vorschlägt, weil s' draußen scheinbar keinen finden, und dann eh kein Glück hat. Nur, ich würd' ihn ja gern kriegen, um ihn dann nicht anzunehmen, aber man kann nicht ablehnen, was man nicht bekommt.

Das sind halt schwache Kasperln. Was soll man denn dazu sagen, gar nichts, weil man sie eh kennt. Das spielt ja überall hinein. Ich kann nicht da antreten und gegen was sein, und ich setz' mich durch, und dann sitzt der Voss da mit einem Frack, angeblich, ich hab's nicht gesehen, ich hab's nur gehört, beim Opernball in der Loge, so Sachen gehen halt nicht. Das kann man ja nicht machen.

Oder stellen Sie sich vor, Preisverleihung in Bozen. Der Autor nimmt also den Preis entgegen und steht halt dort auf einer Bühne, dann war von mir die Rede und dann, das Unverschämteste, was es überhaupt gibt, haben die ein Bankett für fünfhundert Leute gemacht, und ich bin also nicht hingekommen, das ist alles dokumentiert, da sieht man das alles noch besser, und ich hab' mir gedacht, wie grauenhaft. Alle machen da ihr Buckerl und holen ihr Scheckerl ab, fürchterlich.

Ich beschimpfe überhaupt niemanden. Aber es gibt ja fast nur opportunistische Schriftsteller. Entweder hängen sie sich rechts an oder links, marschieren dort oder da und so, und davon leben sie. Das ist halt unangenehm. Warum soll man das nicht sagen? Der eine arbeitet mit seiner Krankheit und mit dem Tod und kriegt seine Preise, und der andere rennt für'n Frieden herum und ist im Grund ein gemeiner, blöder Kerl. Also, was soll das?

Wenn Sie heute eine Zeitung aufmachen, lesen

Sie fast nur irgendwas vom Thomas Mann. Jetzt ist der schon dreißig Jahre tot, und immer wieder, ununterbrochen, das ist ja nicht zum Aushalten. Dabei war das ein kleinbürgerlicher Schriftsteller, ein scheußlicher, ungeistiger, der nur für Kleinbürger geschrieben hat. Das interessiert ja nur Kleinbürger, so ein Millieu, das der beschreibt. Das ist ja ungeistig und dumm. Irgendein fidelnder Professor, der irgendwo hinfährt oder eine Lübecker Familie, lieb! Aber nicht mehr ist es als Wilhelm Raabe auch. Sie werden immer, ob das in ›Le Monde‹ ist oder sonstwo, immer etwas finden über Thomas Mann. Was der Kerl eigentlich dahergeschrieben hat über die politischen Sachen! Der war völlig verkrampft und ein typischer deutscher Kleinbürger. Mit einer geldgierigen Frau. Das ist für mich diese deutsche Schriftstellermischung. Immer Frauen gehabt im Hintergrund, ob das der Mann ist oder der Zuckmayer. Die haben immer geschaut, daß sie neben dem Staatspräsidenten sitzen, bei jeder blöden Plastikausstellung und Brückeneröffnung. Was haben Schriftsteller dort zu suchen? Das sind die Leute, die immer mit dem Staat und den Mächtigen packeln und entweder links oder rechts davon sitzen. Der typische deutschsprachige Schriftsteller. Wenn lange Haare modern sind, dann hat er lange Haare, wenn sie kurz sind, hat er kurze. Ist die Regierung links, rennt er dorthin, ist sie rechts, rennt er dahin. Immer das gleiche. Die haben ja nie einen Charakter gehabt. Nur die Frühverstorbenen meistens. Wenn sie mit achtzehn oder mit vierundzwanzig gestorben sind, na ja, da ist es auch noch nicht so schwierig, einen Charakter zu behalten. Schwierig wird es ja erst nachher. Da wird man schwach. Bis fünfundzwanzig, wo niemand mehr braucht als eine alte Hose und wo man barfuß rennt und mit einem Schlukkerl Wein und Wasser zufrieden ist, da ist es nicht so schwierig, Charakter zu haben. Aber nachher! Da haben s' halt alle keinen gehabt. Mit vierzig sind sie schon völlig paralysiert in politischen Parteien aufgegangen. Und der Kaffee, den sie in der Früh trinken, ist vom Staat bezahlt, und das Bett, in dem sie schlafen, und der Urlaub, den sie verbringen, auch. Das zahlt alles der jeweilige Staat. Da ist ja nichts Eigenes mehr.

Der Heidegger auch, der ist doch ein unmöglicher Kerl, der hat weder einen Rhythmus noch sonst etwas. Der hat gelernt von ein paar Schriftstellern, der hat die ausgeschlachtet bis zuletzt. Was wäre der gewesen ohne die. Er ist ein Philister gewesen, ein feister. Das ist nichts Neues, das ist ein Musterbeispiel für jemanden, der skrupellos alle Früchte ißt, die andere eingesetzt haben, und der sich überfrißt, Gott sei Dank. Dadurch wird ihm schlecht und er platzt.

Oder, daß diese Ria Endres oder solche Typen völlig unweiblich sind, dafür kann ich ja nichts.

Eine Frau, die wirklich natürlich ist, also das, was man unter einer Frau versteht, würde nie so einen Blödsinn schreiben und verzapfen. Die steigert sich auch nicht in sowas hinein. Die muß ja schon völlig verschroben und verbildet und ruiniert sein, daß sie fähig ist, Germanistin zu werden. Das wird man ja nur, wenn man eh schon einen Mordstick hat und einen Krampf und einen Ausweg sucht. Germanisten werden die Leut' ja nicht aus Liebe zur Dichtung oder Kunst, sondern weil ihnen alle anderen Möglichkeiten als Chauffeur, Bäcker oder Schlosser völlig verwehrt sind. Oder weil sie stinkfaul sind oder zu eingebildet, um irgend so einen Beruf auszuüben. Das ist eine völlige Notlösung, nicht? Die niemandem dient und nur blöd ist. Aber auch zur Pension führt, sehr früh.

Die Bachmann hab' ich sehr gern mögen, die war halt eine gescheite Frau. Eine seltene Verbindung, nicht? Meistens sind die Frauen dumm, aber annehmbar und unter Umständen angenehm, auch gescheit, aber selten.

Ja, die hat halt sehr viel erlebt und hat sehr viele Gesellschaften kennengelernt, von oben bis unten, von unten bis oben, wie ich, und da kriegt man ein gewisses Bild. Man ist immer nur das Endprodukt dessen, was man halt mitmacht, erfahren und gesehen hat. Und je intensiver man etwas angeschaut hat, desto weiter entfernt hat man sich, logischerweise. Mehr sehen heißt weiter weg flüchten.

Weil's immer gefährlicher wird. Je klarer eine Sache wird, desto scheußlicher wird sie. Und nur Reißaus, ganz wurscht, ob das Literatur ist oder ob es Menschen sind, sogar die Natur – es ist so. Wenn die Linse ein bißchen verschwommen ist, dann hält man's eher aus. In dem Moment, wo man sich irgend etwas klar macht, instinktiv entfernt man sich schon. Also, es ist nicht so, daß mit der Annäherung alles klar und erträglich wird und anheimelnd, sondern genau umgekehrt. Das ist wahrscheinlich der Selbsterhaltungstrieb der Natur. Sonst würde es schon zusammenkrachen. Wir wissen ja nicht, was es ist. Alle Nobelpreisträger zusammen: Wenn man das alles zusammenrechnet, was die gedacht haben, und wenn man einen Strich macht, ist das ein großer Blödsinn. Es ist nichts herausgekommen. Außer alte Leut' mit einer Schärpe um den Hals und einem Orden um die Brust und irgendeine geschmacklose Villa und immense Einladungen bei Bundeskanzlern und Präsidenten, das ist das einzige, was herausgekommen ist. Und gepflegte Nachtmähler.

Oder der Freud. Ich war Zeuge, wie die Werke von Freud in London um hunderttausend DM für den Fischer Verlag eingekauft worden sind. Das ist meine Beziehung zum Freud. Nicht, also hunderttausend DM, die haben dann ein paar Millionen daraus gemacht. Und haben den sofort entlassen, der ihnen den Vertrag zustandegebracht hat, damit er nicht mehr im Haus sitzt. Inzwischen würde man nicht mehr so eine Summe dafür zahlen. Es gibt schon wieder andere Modepuppen, jetzt heißen sie Popper und so. Das dauert acht, neun Jahre, und dann kommen halt wieder andere.

Der Freud selber war verschroben. Meine Tante, die ist mit der Freud-Tochter in die Schule gegangen. Die könnt' Ihnen vieles erzählen, wie die immer den alten Papa hineingelegt haben. Er war ein relativ guter Schriftsteller, also nicht besonders gut, mit ausgeprägter Phantasie, und hat halt was in Gang gesetzt, wovon die Menschheit ein paar Jahrzehnte ihre Aufregung gehabt hat. Aber es ist auch nicht bedeutender als das, was sich jeder andere Mensch ...

Papiermaschinen sind grausam

Ich les' Zeitungen jeden Tag, das fehlt mir sonst. Aber ich lese sie nicht, ich schau' sie nur durch. Ich les' doch keine Bücher, und Zeitungen nur, weil dort gerafft alles drinnen ist, was die Welt so bewegt.

Na gut, das sind dann halt Agenturmeldungen oder dumme Korrespondenten, denen man nichts zahlt, das ist ja überhaupt die unterste Stufe, die halt über jeden Käs' seit zwanzig Jahren schreiben, und die wissen genau, wie die ›Salzburger Nachrichten‹ zum Beispiel, aus Berlin oder sonstwo, was ist.

Da brauchen sie ja nur die Salzburger Zeitungen lesen, meine Verwandten lesen diese Zeitungen, die kennen also nur einen scheußlichen, nichtswürdigen Bernhard, weil ja dort nur so was drinnen steht, wenn überhaupt.

Schauen Sie sich die Leute an, die darüber schreiben. Das sind nur ordinäre primitive Kasperln, geschmacklose außerdem, die keine Ahnung von dem haben, was sie beschreiben und lesen. Keine Ahnung, mit was sie eigentlich umgehen. Wenn's heiß wird, ziehen sie den Rock aus, sitzen da mit dicken Bäuchen und Hosenträgern, verschwitzt, sind ganz vulgär, saufen eine Flasche nach der anderen, verbrüdern sich mit Krethi und Plethi. Das ist eine üble Meute. Wurscht wie sie heißen. Ob das jetzt in Deutschland ist oder sonstwo.

Ich kann mich ja da nicht mehr äußern. Wo soll ich denn da in Österreich was hinschreiben, wenn Sie wissen, wie die Zeitungen sind. ›Die Presse‹, zum Beispiel, das ist eine Zeitung, die subventioniert wird, sich anheischig macht jeder Regierung. Also können Sie dort nie mehr was hinschicken, und dann drucken sie das von mir, ich weiß nicht, als Protest oder was, das scheidet doch völlig aus, alles. Sie können doch nicht dem ›Kurier‹ was schicken oder der ›Kronen Zeitung‹, es hat keinen Sinn. So kann ich da gar nichts von mir geben.

So ist es aber bei Zeitungen: Wenn Sie einen Brief aus Portugal an eine Zeitung schreiben, ist es eh ein Blödsinn. Die schreiben nicht einmal hin, woher der Brief ist, und dann lassen sie das, was sie betrifft, weg. Es hat gar keinen Sinn. Und wenn man den Umweg wählt, über Deutschland, das ist auch blöd. ›Die Zeit‹ ist eine ... Zeitung geworden, wieder, muß ich dazu sagen, eine burschikose, wo die Gemeinheit triumphiert, das ist alles sehr schwierig.

Und ›Der Spiegel‹, das ist ja der größte ... Das sind die Leute, die, in Schilling ausgedrückt, in Milliarden schwimmen und gar nicht wissen, wohin damit. Da sind Chefredakteure, die Jahreseinkommen haben wie fünfmal der Bundespräsident bei uns, aber die Armen aufputschen, das Volk aufputschen, immer gegen die Oberen sind. Und selber haben sie ihre abgelegten Weiber und ihre Reetdach-Villen, angestopft mit Cézannes und Mirós. Breiige Gestalten, die sich dort langweilen in ihren Strohschuhen am Strand. Schauerlich ist das alles. Das ist ja das Furchtbare!

Schauen Sie, zum Beispiel ›Le Monde‹, da glaubt man, das ist was. Und was ist's: nur blöd! Da sitzen genauso dumme Leute dort. Nur weil es französisch ist, ist es deshalb ja nicht besser. Und im ›Corriere della Sera‹ schreibt doch auch nur der blöde, wie heißt er, der blöde Bub da, der dumme. Ein liebes Buberl war der vor fünfzehn Jahren, aber heut' ist der doch unmöglich. Was der für einen Käs' zusammenschreibt, so geht das eben alles nicht, das kann man so ja nicht machen.

Da gibt es die berühmten Nachtstücke. Da sitzen die Leute eineinhalb Stunden, da sitzen ein Philosoph und ein Pseudophilosoph, oder meistens zwei Pseudophilosophen, und die haben dann einen Rollkragenpullover und eine Krawatte. Das ist dann ziemlich wurscht, weil alles Absicht ist und blöd. Und reden halt ununterbrochen und reden und reden. Wenn man liest, was da in der ›Süddeutschen Zeitung‹ in den letzten drei Jahrzehnten für Gespräche erschienen sind – kein Hahn kräht nach einem Wort von all diesen Gesprächen.

Und Bücher? Das ist nur für die Papierarbeiter, die haben eine Beschäftigung, das mag einen Sinn haben. Die haben eh ein schreckliches Leben und verlieren alle Glieder. Mit fünfzig haben sie meistens kein Bein mehr oder fünf Finger weg. Papiermaschinen sind ja grausam. Na, so hat das wenigstens einen Sinn. Da kann die Familie zusätzlich noch was haben. Ich lebe ja neben zwei Papierfabriken, darum weiß ich, wie das ist.

Ratten, Mäuse und Tagelöhner

Wenn ich nicht drinnen wär', gäbe es das Haus nicht mehr. Es war eine Ruine. Weil jeder das Haus verschmäht hat. Ich war der einzige, der sich da hergesetzt hat. Außerdem habe ich jahrelang Gesellschaft gehabt. Es waren ja sehr viele Ratten, Mäuse und Tagelöhner da. Und heut' sind's halt andere Leute und Tiere.

Es hat im Grund nur einen Sinn, daß man so etwas macht, sich ablenkt, also als Gegengewicht, die Bauerei. Das war ja alles sehr interessant, wenn man sich in Schulden stürzt und fünfzehn Jahr' lang herumschlägt und da so einen Druck hat und aus dem heraus natürlich auch arbeiten kann. Deswegen hat es auch einen Sinn gehabt. Aber ich hab' mich nie daheim gefühlt in der Gegend, höchstens mit dem Haus verbunden, weil ich ja alles weiß, bei jedem Stein, woher und wohin, aber die Gegend ...

Ich geh' auch nicht spazieren und gar nichts. Ich fahr' nach Gmunden auch nur zum Zeitunglesen hinein, und dann ist mir der Ort ja sowieso grauenhaft, und dann weiß ich schon nimmer, was ich da mach' – und dann wieder zurückkommen und was arbeiten? Das kann man ja nicht erzwingen, und dann ist der Antrieb auch nicht so. Und wenn's hier nicht geht, dann eben doch in Wien. Da ist eine lärmende Straße, ein winziges Kammerl, und dort funktioniert es viel eher. Eigenartig. Und da, wo die Ruhe ist, wo man sagen würde, ideal, da kommt meistens gar nichts. Da sitz' ich da und denk' mir, das ist doch grauenhaft. Da ist es schön und alles. Aber das gibt mir nicht den Antrieb, um was zu machen, und da hat man auch niemanden, wo man wirklich, wirklich hingehen möcht' oder kann. Und dann über siebzehn Jahre diese berechnenden Leute, mit ihren Besuchen und ihrem Geschwätz und Getobe. Das gibt einem doch nichts. Man wird hier doch eher ausgenommen, als daß einem die Leut' etwas bieten. Man geht hin und macht den Kasperl und unterhält die ganze Gesellschaft, sechs Stunden lang, bis alle umfallen und hin sind. Und dann fahr' ich heim. Aber was hab' ich dann außer einem sogenannten guten Essen, was dann eh nicht so gut war. Die Leut' betiteln das dann nur als besonders gut, und man kommt heim und fühlt sich eher beschmutzt. Oder man fährt zu Kinderreichen, weil man das auch manchmal will. Das hab' ich ganz gern, eine Stunde lang, aber eineinhalb ist mir schon zu lang. Kinder, die da dann zeichnen und das herzeigen. Dann spielen sie Theater, und die Eltern sind fasziniert. Das ist doch alles grauenhaft. Und die sind völlig leer, die Leut' haben ja eine völlige Leere, sie haben wirklich nur die Kinder und einen Beruf und sonst nichts, sonst gar nichts. Nicht einmal Phantasie, noch irgendein Interesse, noch irgendwas. Reden lauter dummes Zeug daher, und ihre Kinder, die ja lieb und wunderbar sind, die werden genauso: unwichtige, scheußliche Erwachsene, blade oder magere, aber blöde. Und dann sag' ich mir natürlich auch, wenn ich da wieder herkomm', Gott sei Dank, daß das alles hinter mir ist, und mach' das Tor zu und hab' immerhin einen Bereich, wo ich auch hin- und herrennen kann. Drum hab' ich ja auch jetzt nicht abgehoben, das Telefon. Das ist ja eine Geheimnummer. Ich weiß ohnehin, wer anruft. Das sind also sechs, sieben Leut', und dann überleg' ich mir, wer. Ich will heut' nichts mehr hören und sehen. Und wenn ich jetzt da hingeh', das fällt mir ja gar nicht ein. Da müßte man jetzt wieder Rede und Antwort stehen und so, und das bedeutet dann halt, ich darf nicht hingehen.

Das war noch eine urige Gegend mit Hohlwegen. Es hat alles ganz anders ausgeschaut, also kein Asphalt, das hat es alles nicht gegeben. Und überall waren die Misthaufen im Hof drinnen, und entweder war jemand ein Bauer oder er war nichts. Auf jeden Fall unmöglich. Das hat man auch den Leuten zu verstehen gegeben. Und dann haben sie immer gesagt, der muß wieder weg. Jahrelang. Der Vater von ihm drüben grüßt mich heute noch nicht. Nach zwanzig Jahren hat mich der noch nicht gegrüßt. Ich hab' das erste halbe Jahr immer gegrüßt, bis ich dann plötzlich gesehen hab', man kann ja nicht jemanden fünfhundertmal grüßen. Dann gibt man es auf. Dann hab' ich den Sohn einmal gefragt: »Ja, warum grüßt mich der nicht?« Dann sagt er, der verwindet das nie, daß ich kein Bauer bin. So ein Urhaß. Es war nicht leicht. Ich wollte ja einige Male hier weg. Aber wohin? Einerseits war's natürlich eine Konfliktsituation, andererseits war's für mich nicht so schwierig, weil ich ja die Mentalität dieser Leute gekannt habe. Weil, meine Eltern waren auch vom Land, und ich spreche ja ihre Sprache. Also so ist es auch wieder nicht. Das war ja hier eine von jeder Zivilisation abgeschnittene Gegend, noch vor fünfzehn Jahren. In Gmunden ist das wieder ganz was anderes. Aber hier beim Wald ist eine Grenze, und da sind nie fremde Leute herübergekommen. Die haben das nicht gekannt. Und jemand, der nicht mit den Jahreszeiten seine Beschäftigung gemacht hat, der war völlig unmöglich. Die haben dann gesehen, daß ich nicht so unmöglich bin, wie sie geglaubt haben. Obwohl es sehr, sehr schwierige Dinge gegeben hat. Und Nachbarn sind ja überhaupt schwierig.

Es ist alles nicht so harmlos, wie's ausschaut. Eines Tages komm' ich von Wien, war dort ein Zettel da, vom Regen aufgeweicht. Dann hab' ich mir gedacht, was ist das, vom Gericht? Und da ist gestanden: Kommission für die Schweinezuchtanstalt. Und da wollte einer vor meinem Haus zehn Meter, weil sein Grund ganz nahe dran geht, eine Schweinemastanstalt bauen, hätt' mich völlig ruiniert. Und im Grund war die Absicht, das zwar so weit zu treiben bis zum Plan, mir aber dann zu sagen, wenn ich ihm was gebe, macht er's nicht. Das sind die lieben Nachbarn. Noch immer. Und das darf man über den freundlichen Gesichtern auch nicht vergessen.

Es ist ja eine günstige Gegend, weil hier eine Mischung von Menschen ist aus allen Schichten. Hier haben sie vom Bauern, vom Knecht und vom Fabrikarbeiter alles zusammen bis zum Hochadel, zu Wittgenstein, die waren ja alle in dieser Gegend. Das ist dieses Milieu vom sogenannten ganz Oben und ganz Unten, von fein und grob, alles geht ineinander. Das ist für mich das Ideale. Das ist nicht eine Gegend, wo nur Fabrikarbeiter leben, das ist langweilig. Und nur Großindustrielle, das ist zum Kotzen. Hier ist alles so ein Brei. Das strahlt sehr günstig aus. In einer großen Stadt können Sie das genauso haben. Um was wiederzugeben, müssen Sie alles einmal kennenlernen. Sie können ja nicht, ich weiß nicht, irgendeinen Politiker beschreiben, wenn Sie ihn nicht kennen, oder nur von außen. Und die Stalltüren können Sie auch nur beschreiben, wenn Sie die kennen. Und so weiter und so fort. Ansonsten wirkt es einseitig, plakativ, provinziell und lächerlich.

Wie das Harmonietheater in Salzburg. Es ist ja alles nicht wahr. Aber natürlich, Leute, die nur im Sommer zwei Tage oder drei Wochen da herfahren, in einem guten Hotel wohnen und bekellnert werden und sich dann irgendeine blöde Oper anschauen, die werden eingelullt. Das ist ganz klar, daß es denen was gibt. Aber im Grunde, wenn die ehrlich wären: In Salzburg gehen ja lauter böse Gesichter herum, sie werden dort kaum Einheimische finden mit einem offenen Gesicht. Die sind wie das Wetter, wie die Häuser, feucht und stumpfsinnig und brutal im Grund. Das sind lauter Prügelmenschen und Erpresser. Und so klein kann einer dort gar nicht sein, daß er nicht immer davon redet. Er will alles ausrotten und zusammenhauen und so und erschießen und abknallen und wegputzen. Das sind die Vokabel, die sie da ununterbrochen hören werden. Nur verkaufen sie halt ein paar Strümpfe und ein paar Büstenhalter mehr im Sommer an die Leute, die da eingelullt werden, und wenn das nicht wäre, würden sie auch so etwas nicht veranstalten. Weil sie ja gar nichts dafür überhaben.

Das ist jedem seine eigene Sache, man muß ja alles nicht mitmachen. Bei mir ist das eine reine Klimafrage. Hier kommt natürlich sehr schnell der Zeitpunkt, da sind Sie dann so in Stimmung, dann wollen S' weder lesen noch Musik noch sonstwas, weil Ihnen vor allem graust, dann können S' aber noch verschwinden, solang man es kann. Wenn ich nimmer kann, dann hör' ich eh auf. Ich leb' ja doch immer noch so, wie ich gern leb', und fertig.

Das ist ja wurscht, wo man lebt, ich bin ja kein Kleinhäusler und da gebunden. Das ist alles völlig unerträglich, brauchen Sie ja nur das Radio aufzudrehen. Die reden lauter Blödsinn daher, was kein Gewicht und keinen Wert hat. Die sollen machen, was sie wollen.

Das wird sich selbst im Keim ersticken, das Landerl. Da kann man nicht agieren, schauen Sie die Leute an, stellen Sie die alle nebeneinander hin, das ist doch unmöglich.

Ich habe mich vollkommen eingestellt darauf. Das ist ja in anderen Ländern, das ist doch überall ziemlich gleich, wenn Sie länger dort sind, dann ist das derselbe Käs', und politisch dasselbe Chaos und dieselbe Packelei und Korruption und all diese Sachen, die Leut' reden den gleichen Blödsinn wie hier in dem Moment, wo Sie näher hinschauen. Das ist halt so, wenn Sie ein gutes Gebiß näher anschauen, dann sehen Sie auch, mit dem ist es nicht weit her.

Hier ist es ganz besonders ausgeprägt, wirklich scheußlich. Was ganz eigenartig ist, weil doch ein Land, das soviel Völker einmal, so ein Gemisch hatte, die müßten doch ganz anders eigentlich sein, die müßten doch was gewöhnt sein, wie man untereinander ist, und viel gescheiter sein, ich weiß nicht, wieso es so furchtbar ist, es ist alles irgendwie unerklärlich, unlogisch, ganz eine unlogische Entwicklung.

Im deutschsprachigen Raum, also in Deutschland ist es ja furchtbar. Die Schweiz wäre ja das allerärgste, dort möcht' ich wirklich nicht angemalt sein. Nein, nein, das Ideale ist weg, weit weg, und in ein Hotel, solang es einem paßt, und dann in ein anderes. Sie können am Meer entlang rennen oder im Wald, und Sie kommen heim, alles ist fertig und da. Ich fahr' da schon zwanzig Jahre nach Portugal, nach Spanien oder nach Portugal, die Portugiesen sind viel angenehmer.

Überall, wo's ideal und schön ist, kommen die Fremden hin, kommen dann Schwärme. Mit der EG wird sich das jetzt aufhören, weil, wenn man dem Verein beitritt, ist man eigentlich erledigt. Wie der Amerikanismus alles ruiniert hat in Europa, so macht die EG auch alles gleich. Und der Briefträger schaut dann genauso aus in Ohlsdorf wie in Estoril. Es kriegen dann alle die gleichen Uniformen. Die gewinnen hier keinen Charme dazu und dort verlieren sie ihn. Es wird alles ziemlich gleich sein. Aber einige Jahre wird das noch zu genießen sein.

Ich genieß' ja dort das Leben. Wenn ich aufwach' und die Leut' seh', die freundliche Gesichter haben – und blöd sind sie auch nicht. Und das Leben, verstehen Sie, das ist ja nicht so blöd wie bei uns – kassieren die Pension und wissen nicht, was sie tun sollen. Dort leben die Ärmsten gescheiter und lassen sich Zeit. Essen zweieinhalb Stunden zu Mittag, und die Arbeiter oder die, die nichts haben, essen halt mit der Hand ihre Oliven und ihren Käs' und die herrlichen Gemüsesuppen. Und es kostet fünf Schilling. Da ist aber wirklich Gemüse drinnen, vom Berg, frisches, ohne diese Spritzerei. Also ich fahr' weg, wenn da in Ohlsdorf der Nebel kommt. Ab Anfang November bin ich weg, und dann muß man bis April ausharren. Weil bis Mitte Mai, Sie sehen es ja selber, rührt sich nichts.

Dort in Portugal hat's zwanzig Grad über Null und da zwanzig Grad unter Null – vierzig Grad Unterschied. Und dann gehen S' dort so gut essen, wo Sie hier ja nirgends hingehen können, ist doch alles ein Dreck und ein Fraß, wenn's angeblich noch so gut ist. Das ist doch nichts gegen da unten, in jedem Beisl. Und dann zahlen Sie für alles zusammen – man kann das ja gar nicht aufzählen, für was alles – umgerechnet siebzig Schilling. Dafür würden Sie hier sechshundert zahlen und eine Wut kriegen. Das sind natürlich schon Sachen, die einen verführen.

Und wenn Sie da leben, dann müssen Sie noch einheizen und diesen grausigen Fraß fressen. Und das alles zusammen kommt noch doppelt so teuer, als wenn ich irgendwohin fahr'. Und da kriegen Sie dann immer die grauslichen Tischtücher, wo ein jeder sich verewigt. Die werden ausgebeutet, wenn einer aufsteht, und wieder hingelegt. Und in Portugal, in jedem kleinen Beisl, gibt man selbstverständlich zumindest ein weißes, kleines Papier drüber. Aber für jeden Gast ein frisches, und da in Österreich finden sie die Nasenrammeln am Tischtuch, wochenlang eingetrocknet. Bei uns haben sie höchstens so Meinl- oder Eduschoservietten, so Reklamescheußlichkeiten, dort wird mit Liebe gekocht und mit Liebe gelebt. Wenn die wüßten, wie scheußlich Mitteleuropa ist, würden sie wahrscheinlich auch gleich mit den Preisen hinaufgehen.

Ja, das ist ja das Gute dort, daß jeder jeden leben läßt. Dort, wo ich bin, sind zwei Millionen Angolesen und Moçambiquesen, also Schwarze, die dort unter so grauenhaften Umständen leben, wie es sie in Europa nicht ein zweites Mal gibt. Wenn man da bei uns lebt, mag man sie ja nimmer, wenn man dort hinfährt, mag man sogar die Menschen wieder. Wenn Sie mit dem Bus fahren und die Schule ist aus: Von sechzig Kindern sind dreißig Schwarze, zwanzig Indonesier und eine Minderheit Weiße. Und sie sind vollkommen gleich und unterhalten sich wunderbar. Das fällt überhaupt nicht auf, daß da irgendwas anders wär'. Und wenn heut' in der Kärtnerstraße drei Neger gehen, schauen ihnen noch fünfzig Leut' nach. Das ist ja grauenhaft. Da sehen Sie sofort, mit was für einem scheußlichen Land Sie es zu tun haben, wenn Sie wieder zurückkommen. Dort lebt jeder vollkommen normal und läßt den anderen leben, läßt den anderen in Ruh'. So lebt die Gemeinschaft halt auch sehr gut. Es gibt diese Probleme gar nicht. Es gibt nur die Überlebensprobleme. Denn das ist ja auch so ein kleines Land. Das ist mit Österreich vergleichbar, die haben ja ein ähnliches Schicksal: Riesenkolonien und ein Riesenreich, und dann schrumpft das. Mit gar keinen Bodenschätzen und keiner Industrie. Und jetzt müssen sie noch zwei Millionen Flüchtlinge aufnehmen. Das ist natürlich ein ungeheures Problem. Das kennen wir ja gar nicht. Zu uns sind ja nicht zwei Millionen gekommen, wir haben uns schon aufgeregt über ein paar Hunderttausend, wir reden ständig von zweihunderttausend Ungarn, die wir damals – das ist ja so eine ungeheure Tat.

In dieser relativ großen Stadt Lissabon – eine Großstadt ist es ja nicht, das ist ja Wien auch nicht, aber es ist immerhin eine große Stadt, insofern sind diese beiden Städte für mich ideal, man kann ja ruhig herumrennen von einem Ende zum anderen, hat hunderte Lokale, kann überall hineingehen. Und dort hab' ich natürlich auch das Meer, und ich bin ja ein Meerfanatiker. Oder zumindest in der Nähe, ich brauch' das Gefühl, daß das Meer in der Nähe ist, dann leb' ich schon auf. Nur wenn Sie dann natürlich wieder in ein Spital müssen in der Nacht – in ein Klosterspital, hunderte Leute schreiend, siechend, röchelnd, sterbend um elf Uhr in der Nacht, Blutige, Besoffene, das ist da alles drinnen. Und dann sind da noch die Angehörigen, die antanzen vom Land, mit den Aufnahmeformularen, die dann flennend auch dort stehen, schauerlich. Und dann gehen Sie einen langen Gang entlang, wo Kojen sind mit so grauslichen, schmutzigen Plastikvorhängen, und dahinter ist jeweils eine Pritsche, wo die Nackerten draufliegen, wartend auf die Behandlung, und wo halt eine frei ist, werden Sie hineingeschubst, und dann versteht kein Mensch, was Sie sagen, und man weiß aber, es muß jetzt was geschehen, das ist ganz ein schöner Schock im Moment. Aber es war ein sehr guter Arzt. Wie kann man so einen Beruf wirklich machen, das spielt sich ja dort jede Nacht ab. Und dann kriegen Sie einen Katheter hinein, einen uralten, den es bei uns schon gar nicht mehr gibt, dann kriegen Sie irrsinnigen Schüttelfrost und werden in ein Taxi gesetzt und fahren ins Hotel zurück, wo sich kein Mensch um Sie kümmert, und dann war die Frage, Flugambulanz. Das fällt mir doch gar nicht ein, das Aufsehen, und dann müssen S' mit dem Katheter und dem Sackerl in der Hand, dem Urinsack, und mit Gepäck umbuchen, und dann tragen Sie den Urinsack in der Hand wie eine Handtasche, das ist grotesk, im Hosenfuß rutscht er dann immer unten raus.

Man fliegt halt weg, solange wie wenn Sie Wien – Salzburg fahren, Bahnfahrt, drei Stunden, und da sind Sie schon dreitausend Kilometer weg und steigen genauso aus. Halt nicht so müde und angewidert, und hinter Ihnen liegt es, vom Waldheim bis zur ›Kronen Zeitung‹. Es ist überhaupt nichts mehr da, weil es ja nichts ist! Und dann kommen Sie zurück zu diesem Blödsinn da, in diese Schauerprovinzküche, wo jeder Blödsinn verkocht und umgerührt wird. Das ist alles nichts, nichts.

In Portugal weiß man sicher gar nichts, Waldheim und so, die haben zwar sehr gut berichtet da unten über jeden Schmarrn, da hab' ich mich eigentlich gewundert, die nehmen das noch so ernst, komischerweise, als ob das noch so ein Riesenreich wäre, das ist ja alles blöd im Grund. Ich fahr' ja immer weg, wenn so was ist.

Man kann sich ja jetzt nicht mehr beteiligen. Das ist mir ja ganz wurscht. Mir geht das alles – ich will damit überhaupt nichts zu tun haben. Das ist nur eine Frage von Grundsteuerzahlen und was man halt da alles zahlt, und sonst hab' ich überhaupt keine Bindung, mich geht ja alles nichts an und berührt mich auch gar nicht, das ist mir völlig wurscht.

Drum fahr' ich ja eben gern weg, weil die sprechen eine Sprache dort, die ich also kaum verstehe und nach Möglichkeit auch nicht lerne. Soviel kann ich, daß ich sagen kann, was ich will. Und dann ist man ja von allem weg. Dann lesen Sie ein paar Zeitungen, von hier gibt es keine, Gott sei Dank. Das genügt. Dann kann man auch wieder arbeiten. Ich muß mich ja von dem fernhalten, weil die Kräfte ja doch nicht uferlos sind. Das ist ja eine Kräftesache. Da weiß ich mir dann wichtigere Sachen, als mich in so Wickeleien einzulassen.

Motiviert zum Zurückkommen nach Ohlsdorf bin ich nicht. Wie ich da wieder hergekommen bin – das ist ja grauenhaft, wenn Sie da zu einem Kramer oder wohin gehen. Diese stumpfsinnigen Leute, das Klima macht ja die Physiognomie, stupid, hängende Augen, alles rinnt ihnen runter, dann bevölkern sie die Ärzte, wie bei meinem Bruder. Das ist doch alles grauenhaft. Und dann ist alles fünfmal so teuer wie in Salzburg. Wenn Sie einen Hosenknopf verlangen, kriegen Sie keinen in so einem Knopfspezialgeschäft. Weil, so einen normalen Hosenknopf führen sie nicht. Sie haben hunderte Hosenknöpf', aber sie können alle nicht annähen, weil sie nur mit einem Loch sind oder so. Sie kriegen einen normalen Hosenknopf nicht, und dann müßten Sie überall zum Streiten anfangen in jedem Geschäft. Dann müßten Sie sagen, was sind Sie für ein Geschäft, Sie haben da zehntausend Knöpfe und keinen normalen Hosenknopf, was soll das Ganze. Und so ist es überall. Mir sind lieber tausend Leut' als zwei blöde Bauern, die einen da blöd anschauen. Wenn Sie wüßten, was ich heut' mitgemacht hab'. Da gehen Sie in eine Apotheke, und da haben Sie das Zehnte nicht. Wien hat doch einen Vorteil, die Wohnung da ist in einem Zinshaus, wo man verschwindet, in einem scheußlichen, in einem normalen, schiachen, abgelebten und abgewohnten, jetzt wird's leider runtergeweißigt.

Im deutschen Fernsehen ist doch immer dieser ›Samstag-Club‹. Ich dreh' zufällig da herum, wie es halt ist, da waren Aufnahmen von den Azoren zu sehen und ausgerechnet ein paar Bilder von dort, wo ich war voriges Jahr. Da war ein Portugiese von den Azoren, eine bäuerliche Figur von einer Kammer dort, so was wie bei uns eine Landwirtschaftskammer, gar nicht dumm. Und ihm gegenüber so eine dralle oberbayrische Schauerbäurin, also wie man sich's vorstellt: Puffärmeln und Knopferln da und so eine Brust, gigantisch. Also ich hab' ja mittenhinein aufgedreht. Ich war so perplex und so fasziniert, daß mir das passiert. Eine Gegend, die ich so liebe, und es kommen im Grunde diese schauerlichen Bilder daher. Und dann sieht man diese Menschen dort und Bauern und Tiere und Weideflächen, also ganz herrlich. Dann sagt der Moderator zu der Bäurin, der oberbayrischen – aber ganz lieb hat er's gesagt – »Na, möchten Sie nicht dort leben?« »Na, net angmalnt möcht i dort sein!« – Das war so unmöglich! Jetzt sitzt der daneben, so daß man doch irgendwas sagen müßt'. Aber die hat nicht einen Funken irgendwas gehabt – »Na, net angmalnt möcht i dort sein!« – Jetzt haben die dem das erst übersetzt, und was soll der jetzt drauf sagen? Die hat, glaube ich, acht oder neun Kinder gehabt, so eine Urmutter. »Möchten Sie eine Ihrer Töchter dorthin verheiraten?« »Na, so was Grausliches, und wia weit die hint san!«, hat sie dauernd gesagt. »Die san so weit hint!« Von Höflichkeit überhaupt keine Rede! Um jemanden, der von dort ist, selbst wenn man überzeugt wär', daß das nichts ist, bemüht man sich irgendwie. Nein, ganz offen die Scheußlichkeit herausgestürzt, wie ein Blutsturz. Und immer hat sie gesagt: »Na, wie weit die hint san!« Er hat aber versucht zu sagen: »Vielleicht wär das aber ein Vorteil, weil die mit der EG und mit dem Vergiften und das alles ...« »Na, so weit hint, möchten mir nimma ...« Unerträglich. Da hab' ich mir gedacht, schau, so ist das, und man hat ganz ein vollkommenes Bild von den Leuten dort in Bayern und von den Leuten da bei uns. Die sind ja ähnlich, weil Bayern und das da, es ist ja alles das Gleiche. Das möcht' ich noch einmal sehen. Unglaublich. Es war so furchtbar! Am Ende ist der dann wie ein begossener Pudel dagesessen. Das war ein netter Kerl. Aber es ist nichts mehr dagewesen, die hat alles zusammeng'haut.

Wie sich das Angenehme mit dem
Unangenehmen verbündet

Für zwei Leute können schon ganz verschiedene Sachen angenehm sein. Und wenn zwei durch eine Landschaft gehen und es weht ein angenehmer Wind, sagt der eine: »Ach, ist dieser Hauch angenehm.« Und der andere denkt sich: »mir nicht«, sagt aber entweder nichts oder tut sich damit solidarisieren, und heuchelt und lügt, weil er die angenehme Stimmung des anderen nicht stören will. Und er sagt: »Ja, du hast recht, wie angenehm«, und tut dann noch mehr dazu. Oder er will den kränken. Meistens ist es so, daß es dem einen unangenehm ist, wenn dem anderen was angenehm ist, und er findet dann schon das richtige Wort, so daß dem das Angenehme in dem Moment jäh abgeschnitten ist. Ja, jetzt werd' ich's Ihnen sagen: Wie ich Sie g'sehn hab', war's mir äußerst unangenehm und scheußlich, dann hab' ich mich auf die Bank niedergesetzt, und da hab' ich mich derfangen. Und dann war es plötzlich hier sehr angenehm. Wie lange das Angenehme andauert, das kann ja ich nicht wissen. Sie können was sagen, und das ganze Angenehme ist plötzlich hin, und in mir fällt alles zusammen, das weiß ich ja nicht.
   Ich lebe Perioden, also tagelang sehr angenehm

und wochenlang sehr unangenehm. Aber was das eigentlich ist, weiß man ja nicht. Das können auch Sie nicht wissen.

Wenn einem was gelingt, empfindet man das als angenehm. Das beginnt schon, wenn man aufsteht, ohne daß einem etwas weh tut. Wenn einem das Aus-dem-Bett-Steigen keine Schwierigkeiten macht, das ist irgendwie schon angenehm. Wenn einem eine erste Kombination im Kopf gelingt oder irgendein guter Satz, oder wenn einem etwas einfällt, was einem bis jetzt noch nicht eingefallen ist, das ist alles angenehm. Wenn man sich wiederholt, oder wenn einem was weh tut, das ist alles unangenehm. Und der Mensch wird ja nur deshalb alt und kriegt Runzeln und stirbt, weil die meiste Zeit des Lebens unangenehm ist. Wenn mehr Angenehmes wäre, würden die Leute hundertfünfzig bis dreihundert Jahre alt werden. Da das meiste unangenehm ist, verschließen sie sich, verlieren die Zähne und kriegen ab dreißig verbitterte Gesichter, hassen alles, was mehr ist als sie. Wenn einer ein Moped fährt, haßt er den, der eine Honda fährt um siebzigtausend Schilling. Wer Honda fährt, haßt den mit dem Mercedes. Der mit dem Mercedes sagt: »Ein Schloß möcht' ich haben.« Der mit dem Schloß möchte eigentlich Europa besitzen. Sie kommen also aus dem Unglück nicht heraus. Der Straßenkehrer bewundert den Wittgenstein, der vorbeigeht mit seinem Geld. Der Wittgenstein denkt: »Mein Gott, hätt' ich das alles nur los, meine g'schmackigen Sockerln und Hoserln und Schuhe aus London. Wär' ich nur der mit dem Besen da, dann hätt' ich meine Ruh', und es wäre sehr angenehm.« Das ist verrückt. Es empfindet sich niemand als angenehm. Garantiert kein Mensch empfindet sich als angenehm.

In Seekirchen, 1938

*Firmung Juli
1943
Traunstein

Hans

J. Freumbichler*

Firmung im Juli 1943, mit Großvater Johannes Freumbichler

In Henndorf nach der Rückkehr aus der Lungenheilstätte Grafenhof, 1952

In Salzburg, 1957

Ohlsdorf, 1983

Im Café Bräunerhof, Wien, 1988

In Wien, 1988

Der Magus des Nordens oder der Idiot des Südens

Wenn Sie als freundlicher Mensch herumgehen, sind Sie erledigt. Da gelten Sie als Kabarettist. In Österreich macht man ja alles Ernsthafte zum Kabarett und entschärft es damit. Jeder Ernst wandert auf die Witzseite, und so ertragen die Österreicher den Ernst nur als Witz. In anderen Ländern gibt es halt noch einen Ernst. Ich bin ja auch ein ernster Mensch, aber nicht ununterbrochen, denn da würde man verrückt werden und wäre außerdem blöd.

Vortäuschen tun alle, der Satz stimmt eigentlich immer, daß der eine besser vortäuscht als der andere, das kann man nie verneinen. Ich will ja nur sagen, daß gar nichts gelingt, daß einem nie was gelingt. Man will immer und ärgert sich immer über alles, und das Ende kann nur ein totales Versagen sein. Und das ist bei jeder Sache, die man macht, und dann drängt man das wieder zurück. Man nimmt wieder einen Anlauf, und insofern entstehen Sachen, aber das, was man wirklich will oder was die Welt so als vollendete Sache nimmt, das kommt nie zustande. Wenn man sich überlegt, wieviele Philosophen es schon gegeben hat und wieviele Milliarden Menschen! Heute ist der Stand auch nicht weiter, weder weiß man, was der elektrische Strom ist noch, ob es einen Herrgott gibt oder nicht. Immer noch derselbe Stand. Unabhängig davon, daß man Plastik erzeugen kann und solche Sachen. Aber davon wissen ja die, die das machen, auch nicht, was es ist. Das ist genauso wie bei sogenannten Kunstwerken.

Alles geschieht aus Berechnung. Schon ein kleines Beberl plärrt aus Berechnung, weil's weiß, wenn es plärrt, dann geschieht irgendwas mit ihm. Bis zum letzten Schnaufer werden sie alles aus Berechnung machen. Garantiert. Es gibt ja nichts anderes außer Berechnung. Gefühle werden ja auch dafür eingesetzt.

Und wenn Sie die Meinung der großen Philosophen decken, dann sind Sie umso blöder. Da können Sie bei jedem was anderes nachlesen. Das sind doch alles arme Menschen, die ihr Leben nur so fristen haben können. In einem Kammerl oder in einer Kanzlei, in einem Schloß oder in einer Hütte, ob sie der Magus des Nordens waren oder der Idiot des Südens, es bleibt sich letztlich immer gleich. Die Leut' sterben, verfaulen, verwesen und sind nimmer da und kriegen ein kleines Marterl, wenn es gut geht. Dann gibt es natürlich Menschen, die sich daran erfreuen, was die geschrieben haben. Aber auch nur zeitweise.

Eine gähnende Leere

Ich kann Ihnen doch nicht jetzt mein Leben, oder was ich bin, erklären. Nicht, das kann man ja gar nicht. Sie brauchen dreitausend Seiten und haben womöglich auch die wichtigen Sachen noch vergessen, die fallen Ihnen dann hintennach ein. Dann kommt noch ein Zusatzband darüber. Das Wesentliche ist in den dreitausend Seiten vergessen worden, und am Totenbett sagen Sie dann, um Gottes Willen, das Allerwichtigste sehe ich jetzt erst, wie ich da auf meinem Totenbett hinaufschau', das würde wieder alles anders erklären, das hat überhaupt keinen Sinn.

Sie müssen auf alles selber draufkommen. Sie haben ja keine Aufgabe oder irgendwas. Aufgaben können nur Schüler haben und lehrerhörige Menschen.

Und dann verlieren Sie eh irgendwie die Lust, weil Sie nichts mehr zu tun haben, das ist das Blöde. So hat man ja ständig einen Ausgleich gehabt und hat irgendwas gemacht, auch was Sinnloses. Aber ist ja wurscht. Wie bei den Frauen, die Teppichklopfen müssen ununterbrochen, damit sie dann wieder beruhigt sind und Omelettes machen können. Eben jeder Mensch sucht sich so etwas. Irgendwie ist eine – wie heißt die berühmte Leere –

eine gähnende, seit einem Jahr. Was soll ich jetzt tun? Es interessiert mich auch nichts mehr. Ja, es tritt immer was ein, auch wenn's nackte Verzweiflung ist, irgendwas kommt immer. Und das schlachtet man dann wieder aus. Weil das Leben ist ein Ausschlachten. Und auf das stürzt man sich dann, ob's ein anderer Mensch ist oder man selber, ich weiß es nicht. Das führt alles zu nichts.

Das erinnert mich, wo ich gestern war, bei diesen Bauern, die haben mir erzählt, ein Wirt, den ich auch gekannt hab', ist plötzlich gestorben, obwohl es ein Jahr vorauszusehen war, trotzdem plötzlich, hat einen völlig verfaulten Fuß gehabt, und waren halt sehr viele Leute bei dem Begräbnis, und da hat einer, ein ehemaliger Fleischer und Wirt war das, ein früherer Fleischergeselle, aber heute auch schon über sechzig Jahre, der mußte ein Kreuz tragen, das zwei Meter hoch war, ungeheuer schwer – da haben die doch immer, wenn sie so was tragen, so eine Lederhalterung, wo das drinnen ist. Und er braucht das nur zu halten, aber nicht zu tragen. Und die haben das Leder nicht gefunden, und jetzt mußte der das zwei Stunden aushalten, und da haben sie oben noch einen Kranz draufgegeben, und dann ist er zusammengebrochen und liegt im Bett und ist auch erledigt. Das fällt mir ein.

»Ich bin nur mehr kurz da.«*
Thomas Bernhard in seinem letzten Gespräch

* Erstabdruck im ›Spiegel‹ Nr. 5, 1990

> »Ich bin todkrank, bitte
> bedenken Sie das. Aber ich
> bin gerne mit Ihnen zusammen,
> Sie wissen es.«
>
> Thomas Bernhard

In die Gespräche mit Thomas Bernhard bin ich jahrelang mit der Angst gegangen, sie werden scheitern. Ich habe mich während dieser Gespräche auf das Ende konzentriert. Alles andere war eine Überraschung. Ein Spiel am Rande des Abgrunds.

Um dem Autor Bernhard gerecht zu werden, erwies sich bei der Zusammenstellung dieses Buches der Monolog, also das Weglassen der Fragen, als einzig angemessene Form. Das letzte Gespräch, das ich vor seinem Tod mit ihm führte, war anders: Bernhard sprach langsamer als gewohnt, und er hatte Schmerzen. (»Es geht dem Ende zu.«) Es sei daher an dieser Stelle vollständig im Dialog wiedergegeben.

Kurt Hofmann, Herbst 1990

BERNHARD: O Gott.

HOFMANN: Grüß Gott, Herr Bernhard.

BERNHARD: Sie?

HOFMANN: Ich habe das ernst genommen, was Sie mir gesagt haben. Wenn ich in Ihrer Gegend bin, soll ich wieder vorbeischauen, auch in Ottnang, und ein Telegramm habe ich auch ...

BERNHARD: Schon möglich. Es wird schon so sein.

HOFMANN: Ottnang ist angenehmer als Ohlsdorf, ruhiger.

BERNHARD: Auch nicht für jeden. Nehmen Sie den Handke, und setzen Sie ihn da her. Dann rennt er nach drei Tagen weinend zu seiner Tochter. So ist das. Aber ich kann Ihnen heute gar nichts sagen. Heute mache ich so etwas nicht. Sie können machen, was Sie wollen, aber ohne mich.

HOFMANN: Das wird nur schwer möglich sein.

BERNHARD: Aus mir ist auch nichts herauszukriegen, denn was soll ich jetzt sagen?

HOFMANN: Das werde ich Sie schon fragen.

BERNHARD: Ich habe Sie schon wie einen Mörder auf mich zukommen sehen, am Waldhang. Wie lange warten Sie denn schon?

HOFMANN: Zwei Stunden.

BERNHARD: Kommen S' rein. Trinken wir einen Tee. Was haben Sie da für einen Zettel? Eine Einberufung, eine Einberufung zur Himmelsarmee?

HOFMANN: Ich habe mir da Notizen gemacht.

BERNHARD: Schönes Papier.

HOFMANN: Auf diesem schönen Papier steht: »Welche Vorstellungen verknüpfen Sie mit dem Tod?«

BERNHARD: Verknüpfen kann ich gar nichts. »Verknüpfen«, das ist doch unmöglich. Wie geht's weiter? Wie würden Sie das machen, daß man Vorstellungen verknüpft?

HOFMANN: Ich würde auf die Frage eingehen.

BERNHARD: Was hat das mit Verknüpfen zu tun?

HOFMANN: Sie wissen, wie das gemeint ist.

BERNHARD: Ich weiß, die Leute meinen immer was anderes, aber sagen ...

HOFMANN: Glauben Sie an die Wiedergeburt?

BERNHARD: Das ist doch ein vollkommener Blödsinn. Das ist für schwache Kasperl wunderbar, aber ich brauch' das nicht.

HOFMANN: Wenn man's schafft, daran zu glauben.

BERNHARD: Wenn's eine Anstrengung macht, ist's schon blöd. Entweder man hat einen Glauben oder nicht.

HOFMANN: Und Sie glauben nicht.

BERNHARD: Ich glaub' an gar nichts.

HOFMANN: An sich selbst hoffentlich.
BERNHARD: Was? Da brauch' ich nicht daran glauben, wenn ich aufwach', wenn ich tot bin. Ich kann höchstens glauben, ob Sie kommen morgen oder nicht. Aber es wird dann natürlich drei vor oder sechs nach acht sein. Das ist vielleicht der Glaube. Und Glaube versetzt Berge, habe ich immer gehört.
HOFMANN: Das ist so ein blödes Sprichwort halt.
BERNHARD: Ich kann so Sachen nicht, sogenannte ernsthafte Blödheiten ... Der Canetti ist ja auch so blöd: »Was fühlen Sie bei dem Wort Gefühl?«
HOFMANN: Was fühlen Sie bei dem Wort Haß?
BERNHARD: Gegenliebe, wahrscheinlich. Diese Begriffe – das ist doch alles ein Blödsinn. Und wenn Sie an die Meinung der großen Philosophen denken, dann ist es um so schauerlicher *(lacht)*.
HOFMANN: Sie sind ein besonders fröhlicher Mensch. Ich genieße das.
BERNHARD: Ach so, bin ich das. Das wird sicher so sein.
HOFMANN: Trotz der Dinge, die Sie erlebt haben.
BERNHARD: Ich war immer ein fröhlicher Mensch. Ich war ja nie anders.
HOFMANN: In Ihren Büchern und Stücken beschreiben Sie aber auch andere Seiten.
BERNHARD: Man kann ja auch als fröhlicher

Mensch so etwas schreiben. Fröhlichkeit schützt ja vor dem Gegenteil nicht.

HOFMANN: Ist die Schreiberei für Sie eine Art Befreiung oder ein Protest?

BERNHARD: Nein, ich protestiere ja gegen nichts.

HOFMANN: Sie sind mit allem einverstanden.

BERNHARD: Ich bin mit allem zufrieden. Restlos.

HOFMANN: Und warum schreiben Sie dann?

BERNHARD: Wahrscheinlich, weil ich so selbstzufrieden bin und so glücklich über alles.

HOFMANN: Ist Ihnen langweilig?

BERNHARD: Langweilig? Nein, dann wär' ich schon davongegangen. Irgendwie muß mich was festhalten. Auf jeden Fall merkwürdig. Es ist schwierig mit mir.

HOFMANN: Schwierig ist, daß Sie auf die Fragen nicht eingehen. Aber das ist wahrscheinlich alles nicht wichtig.

BERNHARD: Eben, das ist alles nicht wichtig.

HOFMANN: Wichtig ist, daß Sie es so machen, wie Sie es machen.

BERNHARD: Weiß ich nicht, aber man macht es halt.

HOFMANN: Ich werde jetzt gehen.

BERNHARD: Gut.

HOFMANN: Ich melde mich wieder.

BERNHARD: Ah, jetzt wollen Sie schon gehen?

HOFMANN: Ja.

BERNHARD: Jetzt ist es mir wieder zu früh.

HOFMANN: Jetzt ist es Ihnen zu früh?

BERNHARD: Es ist eben nicht leicht mit mir. Trinken wir noch was.

HOFMANN: Lassen Sie uns ein kleines Spiel spielen. Sie sind jetzt nicht der Thomas Bernhard, sondern ein Nachbar, ein Bauer.

BERNHARD: Und, daß ich dann etwas über den Thomas Bernhard sage?

HOFMANN: Ja. Wie lange wohnt Thomas Bernhard schon in Ohlsdorf?

BERNHARD: Mir kommt das nicht so lange vor, aber er behauptet, 25 Jahre. Aber der ist immer noch neu.

HOFMANN: Haben Sie jemals mit ihm gesprochen? Haben Sie Kontakt?

BERNHARD: Einmal im Jahr. Er kommt sehr selten raus aus seinem Haus, dann geht er in die Kirche.

HOFMANN: Wohin geht er?

BERNHARD: In die Kirche.

HOFMANN: Wann?

BERNHARD: In der Nacht, wenn keine anderen gehen. Öffentlich traut er sich das nicht. Er behauptet, er hat keine Beziehung zur Kirche, und so ist ihm das wahrscheinlich unangenehm.

HOFMANN: Und wie ist er, wenn Sie ihn treffen?

BERNHARD: Scheu. Sehr scheu. Menschenscheu. Arbeitsscheu und menschenscheu.

HOFMANN: Es kommen sicher Journalisten hierher. Kommen die dann zu Ihnen?

BERNHARD: Die kommen dann zu mir und nicht zu ihm. Und ich erzähl' dann halt manchmal was über ihn. Wie er geht oder wie er steht.
HOFMANN: Sie sind Bauer von Beruf.
BERNHARD: Ja, ich war immer Bauer. Meine Großeltern waren Bauern, und alle waren Bauern. Meine Kinder sind ja auch ...
HOFMANN: Was halten Sie von so jemandem ...
BERNHARD: Der kein Bauer ist?
HOFMANN: Der schreibt ...
BERNHARD: Das ist doch ein Blödsinn, weil es niemandem nützt und nichts ist. Nichts.
HOFMANN: Haben Sie jemals etwas von ihm gelesen?
BERNHARD: Ja, einmal. Aber es langweilt mich.
HOFMANN: Was?
BERNHARD: Ich weiß es nicht mehr. Der redet ja lauter Unsinn. Der ist ja nur zerstörend und pervers und alles das.
HOFMANN: Je näher ich mit dem Mikrofon komme, um so weiter gehen Sie weg.
BERNHARD: Das ist das Wesen meiner Berührungstheorie.
HOFMANN: Berührungstheorie?
BERNHARD: Sonst würde man sich ja zerstören. Stellen Sie sich vor, Sie kommen immer näher und ich auch, dann würde ich durch Sie hinausgehen und umgekehrt, und es wäre nichts mehr da, bei Überkräften.

Hofmann: Herr Bernhard – soziale Kontakte, empfinden Sie die immer als unangenehm?
Bernhard: Was heißt soziale Kontakte?
Hofmann: Kontakte einfach mit anderen Menschen.
Bernhard: Ja, nein – warum? Das war ja immer das einzig Nützliche.
Hofmann: Welche Beziehung haben Sie zum anderen Geschlecht?
Bernhard: Jeden Tag eine andere.
Hofmann: Ich rede jetzt von den zwischenmenschlichen Beziehungen.
Bernhard: Das ist doch ein fürchterlicher Blödsinn. Zwischenmenschliche Beziehung. Ich glaube, das ist von Mensch zu Mensch. Also so kitschig wäre das. Das ist doch ganz normal, darüber braucht man doch gar nicht reden, weil das jeder weiß, wie er da ist und tut. Und da es Millionen Frauen gibt, hat man zu jeder dieser Millionen Frauen, hätte man, wenn man ihnen begegnen würde, ein anderes Verhältnis und ein anderes Gefühl.
Hofmann: Und die Sexualität?
Bernhard: Die spielt ja bei jedem Menschen eine ungeheure Rolle, gleich, wie er sie ausspielt.
Hofmann: Was sagen Sie zu Freuds These, künstlerische Kreativität stamme aus der Sublimierung des Sexualtriebes.
Bernhard: Das ist ein völlig verschrobener Satz,

und der Freud war selber verschroben. Er war ein mittelmäßiger Schriftsteller und hat halt etwas in Gang gesetzt.

HOFMANN: Was haben Sie für ein Verhältnis zu Paul Wittgenstein gehabt?

BERNHARD: Ein Liebesverhältnis.

HOFMANN: Wie kann man das definieren?

BERNHARD: Kann man ja nie bei Liebesverhältnissen. Weiß man ja nie, woher sie kommt, wohin sie geht.

HOFMANN: Er war also ein guter Freund von Ihnen.

BERNHARD: Ein sehr guter. Er war sehr gescheit, gescheiter wie alle anderen und sehr oft im Narrenhaus, was ihm gut getan hat. Und dann hat er gesagt, wenn ich sterbe, möchte ich, daß 200 Leute beim Begräbnis sind, und einer soll eine Rede halten. Es waren, glaube ich, nur fünf oder sechs Leute, und es hat auch niemand eine Rede gehalten. Anfang und Ende eines Philosophenlebens. Er war ja auch ein philosophischer Typ, wenn auch in anderer Art wie sein Onkel, und er war halt sehr musikalisch und hat die Musik geliebt zum Unterschied vom Ludwig, der unmusikalisch war. Geliebt hat er nur ›Ariadne auf Naxos‹, das war das Ziel, das wollte er inszenieren in Gmunden am See, »da machen wir so eine hölzerne Seebühne und führen ›Ariadne auf Naxos‹ auf«, mit seiner Geliebten als Zerbinetta. Die habe ich in Salzburg – als junger Mensch – in der ›Zauberflöte‹ gesehen. Das war eine berühmte Sängerin, eine Amerikanerin.

HOFMANN: Woran ist es gescheitert?

BERNHARD: Weil normale Menschen mit Verrückten nichts zu tun haben wollen, mit sogenannten Verrückten. Jetzt ist dort, wo die ›Ariadne‹ hätte sein sollen, ein Würstlstand. Das haben die Leut' lieber. Wenn ich Sie fragen würde: »Was haben Sie lieber, wenn Sie einen Hunger haben, ›Ariadne auf Naxos‹ oder ein paar Würstln?« Würden Sie sich wahrscheinlich auch für die Würstln entscheiden. Nein?

HOFMANN: Ich würde mich für die amerikanische Sängerin entscheiden, so nahe am Wasser ...

BERNHARD: Ja, ja, man will sterben, aber man hat Angst davor.

HOFMANN: Wie intensiv war diese Freundschaft mit Paul Wittgenstein?

BERNHARD: Je weniger wir uns gesehen haben, um so intensiver war die Freundschaft. Wie das immer ist. Man hängt am meisten an jemand, den man möglichst nicht mehr sieht, und wenn dann der auftaucht, schwächt's das eher ab. Das ist bei jeder Freundschaft so.

HOFMANN: Warum waren Sie nicht bei Wittgensteins Begräbnis?

BERNHARD: Weil ich nicht da war. Ich bin an diesem Tag weggefahren. Ich habe nicht gewußt, daß er tot ist, sonst wäre ich wahrscheinlich hingegangen. Vielleicht.

HOFMANN: Wann haben Sie das erste Mal gespürt, daß es bei Ihnen dem Ende zugeht?

BERNHARD: Vor neun, zehn Jahren, glaube ich.

HOFMANN: Wie?

BERNHARD: Weil einem plötzlich alles weh tut. Ich glaube, das körperliche Empfinden, daß man keine Lust mehr hat und jede Nacht nur mehr eine Stunde schlafen kann. Bei mir kommt auch noch dazu, daß man so gesichert ist, und man kann nicht mehr zittern, ob Sie nächste Woche noch leben, das ist dann auch aus, wenn immer ein Geld da ist.

HOFMANN: Und das hat Sie beängstigt?

BERNHARD: Ich weiß nicht, es ist ja einerseits angenehm, aber es hat mit dem Alter zu tun.

HOFMANN: Das Abenteuer ist weg?

BERNHARD: Ja, irgendwie, irgendwo.

HOFMANN: Aber Sie sind nicht in einer Situation, daß Sie sich sagen, jetzt mache ich Schluß?

BERNHARD: Nach Auskunft der Ärzte müßte ich schon lange tot sein.

HOFMANN: Totgesagte leben zumeist lange.

BERNHARD: Die leben sehr lange. Nur gibt's natürlich da die Ausnahmen, die die Regel bestätigen *(lacht)*.

HOFMANN: In Wien fühlen Sie sich wohler als in Ohlsdorf.

BERNHARD: Das Klima ist viel angenehmer. Und außerdem, die Kastanien in Wien vor meinem Fenster ...

HOFMANN: Aber die vielen fremden Leute ...

BERNHARD: Die müssen ja nicht mitreden, und außerdem sind Leute angenehm.

HOFMANN: Wenn man anonym bleibt, dann geht's, aber bei Ihrer Person ist das ja nicht mehr zu machen.

BERNHARD: Ich geh' halt sehr gern am Graben ... dann reden einen die Leut' an.

HOFMANN: Das ist doch irrsinnig anstrengend.

BERNHARD: Na ja, dann dürft' ma nirgends mehr hingehen.

HOFMANN: Deshalb gefällt mir Ihr Bauernhof, der mehr einer Festung gleicht, und dieses Haus in der Einöd sowieso.

BERNHARD: Aber Sie dürfen sich doch nicht einsperren, dann gehen S' ja zugrunde. Aber wenn man das Tor aufmacht, ist man auch verloren.

HOFMANN: Jetzt sprechen Sie von mir.

BERNHARD: Na ja, das bleibt sich dann gleich. Aber ich bin gerne mit Ihnen zusammen. Zeitweise.

HOFMANN: Sind Sie auch gerne in diesem schönen Land?

BERNHARD: Ich will momentan damit wirklich nichts zu tun haben, weil das hat einen Grad erreicht, wo das gar nicht mehr geht.

HOFMANN: Ist das ein Gefühl der Ohnmacht?

BERNHARD: Das ist doch lächerlich. Schauen Sie sich die Weltkarte an. Regen Sie sich über Hongkong auch auf, das ist mehr wert. Das da ist ja nichts.

HOFMANN: Aber ich lebe nicht in Hongkong.

BERNHARD: Das ist ja Wurscht, wo man lebt. Ich bin ja kein Kleinhäusler. Das ist ja alles völlig unerträglich. Die sollen machen, was sie wollen.

HOFMANN: Das tun sie sowieso.

BERNHARD: Das wird sich im Keim ersticken, das Landerl.

HOFMANN: Aber es gibt ja auch Dinge, die nicht so furchtbar sind.

BERNHARD: Um die brauchen Sie sich ja nicht zu kümmern.

HOFMANN: Es ist spät geworden.

BERNHARD: Trinken wir noch was.

HOFMANN: Für mich ist überraschend, daß Sie so viel produzieren, in Ihrer gesundheitlichen Situation.

BERNHARD: Na ja, aber ich tu' ja sonst nichts.

HOFMANN: Und die Angst, nichts mehr schreiben zu können?

BERNHARD: Die Angst habe ich immer. Das verfolgt mich immer, daß ich nichts mehr schreiben und nichts mehr tun kann. Aber das wird ja dann ein natürliches Ende nehmen, da brauchen Sie keine Angst haben.

HOFMANN: Ich habe keine Angst.
BERNHARD: *(lacht)* Nur lebt natürlich jeder gern dann doch. Vor allem, wenn man älter wird. Das ist ja auch das Interessante daran. Am Anfang stürzt man sich halt in Schulden und erpreßt halt Leut'; ist ja Wurscht, wie man's macht. Man muß sich halt den Raum schaffen.
HOFMANN: Wieso Leute erpressen?
BERNHARD: Ich weiß es nicht mehr, es geschieht halt dann, was man will. Es gibt da ja viele Formen.
HOFMANN: Für so durchtrieben halte ich Sie nicht.
BERNHARD: Wahrscheinlich ist man das schon. Aber das gehört ja dann auch dazu. Zuerst macht man so etwas schlafwandlerisch, und dann wundert man sich selber, wie so was gegangen ist. Aus.
HOFMANN: Aus?
BERNHARD: Ich wollte eigentlich mit dem Bügeln schon fertig sein.
HOFMANN: Mit dem Bügeln?
BERNHARD: Sie können sicher nicht so gut bügeln wie ich. Im Bügeln bin ich Meister.
HOFMANN: Ich kann überhaupt nicht bügeln.
BERNHARD: Das ist aber ganz simpel, das ist so, wie wenn ein anderer Tennis spielt, so tu' ich bügeln.
HOFMANN: Ich halt's halt für überflüssig.

BERNHARD: Das ist ja auch gebügelt. Der Kragen ist gebügelt.

HOFMANN: Ja, ja.

BERNHARD: Und die Sachen, die irgendwie angenehm sind am Leib, sind meistens gebügelt. Weil's sonst wie ein Fetz'n ausschauen. Und alles, was von selber so hängt, das ist mir unangenehm. Ich hab' das Gefühl, ich elektrisier' mich.

HOFMANN: Spielt das Aussehen so eine große Rolle?

BERNHARD: Wie? Nein. Wohlfühlen will ich mich. Das Aussehen hat eine große Rolle gespielt, früher, ich war sehr eitel und bin's noch sicher auch, bin ich nach wie vor – wahrscheinlich. Aber in anderer Hinsicht.

HOFMANN: In welcher?

BERNHARD: Mein Gott, da gibt es immens viele Sachen.

HOFMANN: Thomas Bernhard, der Hausmann.

BERNHARD: Die Wäsche braucht man ja nur hineinschmeißen und aufhängen.

HOFMANN: Vielen ist das zuviel.

BERNHARD: Das ist ja keine Tätigkeit, während das Teewasser kocht, schmeiß' ich die Wäsche hinein, und wenn ich heimkomme, ist sie fertig.

HOFMANN: Und Essen kochen.

BERNHARD: Ich koche nie. Ich gehe immer ins Gasthaus essen. Auf dem Ofen wird höchstens hie und da ein Griesbrei gekocht, oder wenn meine Schwester da ist, macht s' irgend etwas. Und wenn's fertig ist, mag's eh keiner. Ein Mordsaufwand und eine Schwitzerei, und das soll jetzt gut sein um jeden Preis, ist es natürlich nicht. So ist das.

HOFMANN: Was haben Sie für ein Verhältnis zu Ihrem Bruder, dem Arzt?

BERNHARD: Na, ein brüderliches. Das ist so sporadisch, normal, und dann ist es so konträr. Eigentlich sehr angenehm. Nachdem man so verschieden ist, gibt's keine Probleme. So ist das. Wo stehen Sie mit ihrem Auto?

HOFMANN: Im Tal.

BERNHARD: Und wie sind Sie da heraufgekommen?

HOFMANN: Mit meinen Haferlschuhen.

BERNHARD: Haferlschuhe habe ich auch gehabt.

HOFMANN: Die kann man Tag und Nacht tragen.

BERNHARD: Ja, wenn man im Traum am Berg geht ... *(lacht)*

HOFMANN: Mit dem Eintragen ist es halt schwierig.

BERNHARD: Das ist wie mit den falschen Zähnen, die muß man auch überwinden. Zwei Monate darf man nicht schwach werden, jetzt schauen Sie genau auf meine Zähne. Stichwort Zahn, und schon hängen Sie zwischen den Lippen, nur meine ich nicht mich damit. Ich habe andere Sachen, man hat ja viel Künstliches an sich, es kann ja eine falsche Ausdrucksweise auch wie ein falsches Gebiß wirken.

HOFMANN: Haben Sie Angst vor dem Sterben?

BERNHARD: Nein, der Tod ist doch ganz gleich. Angst habe ich manchmal vor den Leuten, so wie die sind, aber vor dem Tod kann man doch keine Angst haben.

HOFMANN: Trotz der gesundheitlichen Beschwerden.

BERNHARD: Trotzdem. Da fragt man sich natürlich oft, ja hat das einen Sinn, aber wo's dann wieder eine Periode ist, wo's leichter ist, dann hat man das wieder sehr gern.

HOFMANN: In Ihrer Kindheit haben Sie versucht, sich umzubringen.

BERNHARD: Hat doch jeder erlebt, solche Geschichten.

HOFMANN: Aber nicht jeder hat es auch versucht.

BERNHARD: So viele kenne ich, die sich, die sich umbringen wollten *(lacht)*.

HOFMANN: Um den Vollzug geht es mir.

BERNHARD: Es ist doch ein sehr hoher Prozentsatz der sich obestürzt, vergast, und ich weiß nicht – aufhängt.

HOFMANN: Können Sie sich so etwas heute vorstellen?

BERNHARD: Vorstellen kann ich mir alles. Aber ich werde sicher nicht als Siecherl weiterleben.

HOFMANN: Sie sehen müde aus.

BERNHARD: Ja, jetzt gemma. Aber es war sehr angenehm, irgendwie eine Auflockerung.
HOFMANN: Ich bedanke mich für den Tee.
BERNHARD: Sehr gut. Es war sehr angenehm. Wirklich.
HOFMANN: Danke für diesen angenehmen Nachmittag und Abend. Auf Wiederschaun.
BERNHARD: Sehr gut, auf Wiedersehen. Und schauen S' wirklich wieder vorbei, wenn S' in der Nähe sind.
HOFMANN: Wie lange sind Sie noch in Ottnang?
BERNHARD: Ich bin nur mehr kurz da, weil ich dann für längere Zeit überhaupt verschwind', ich brauch' nur Ruhe, und ich möcht' überhaupt niemanden sehen.
HOFMANN: Was heißt verschwinden?
BERNHARD: Verschwinden heißt, nicht mehr da sein.

Personenverzeichnis

Alexander, Peter (* 1926) — eigtl. P. A. Neumayer, österr. Unterhaltungssänger und Schauspieler

Amanshauser, Gerhard (* 1928) — österr. Schriftsteller

Bachmann, Ingeborg (1926–1973) — österr. Schriftstellerin

Bahr, Hermann (1863–1934) — österr. Schriftsteller, Regisseur bei Max Reinhardt, Dramaturg am Wiener Burgtheater

Balser, Ewald (1898–1978) — österr. Bühnen- und Filmschauspieler, von 1945 an ständig am Wiener Burgtheater

Becker, Paul Dr. (1910–1984) — Intendant des ORF-Landesstudios Salzburg 1950–75

Benedetti-Michelangeli, Arturo (* 1920) — italienischer Pianist

Bissmeier, Joachim (* 1936) — Schauspieler

Blaha, Paul (* 1925) — Theaterkritiker, Direktor des Wiener Volkstheaters 1979–87

Brahms, Johannes (1833–1897) — Komponist

Canetti, Elias (* 1905) — Schriftsteller jüd.-span. Herkunft

Cézanne, Paul (1839–1906) — frz. Maler

Claudel, Paul (1868–1955) — frz. Schriftsteller

Doderer, Heimito v. (1896–1966) — österr. Schriftsteller

Dorn, Dieter (* 1935) — Regisseur

Eco, Umberto (* 1932) — ital. Schriftsteller

Endres, Ria (* 1946)	Autorin von ›Am Ende angekommen. Dargestellt am wahnhaften Dunkel der Männerporträts des Thomas Bernhard‹.
Freud, Sigmund (1856–1939)	österr. Nervenarzt, Begründer der Psychoanalyse
Freumbichler, Johannes (1881–1949)	österr. Schriftsteller, Großvater Thomas Bernhards
Ganz, Bruno (* 1941)	schweizer. Schauspieler
Garcia Lorca, Federico (1899–1936)	span. Dichter
Gielen, Josef (1890–1968)	Regisseur, 1948–54 Direktor des Wiener Burgtheaters
Gold, Käthe (* 1907)	österr. Schauspielerin
Gracq, Julien (eigtl. Louis Poirier, * 1910)	frz. Schriftsteller
Hamm, Peter (* 1937)	Journalist, Ehemann von Marianne Koch
Hamsun, Knut (1859–1952)	norweg. Schriftsteller
Heidegger, Martin (1889–1976)	Philosoph
Hochhuth, Rolf (* 1931)	Schriftsteller
Hörbiger, Attila (1896–1987)	österr. Schauspieler
Kaut, Josef (1904–1983)	Chefredakteur des ›Demokratischen Volksblatts‹, Salzburg, Landtagsabgeordneter der Salzburger Landesregierung 1954–56, Landesrat 1956–69, Präsident der Salzburger Festspiele 1971–82
Kielmansegg, Johann Adolf Graf von (* 1906)	1963–66 Befehlshaber der Nato-Landstreitkräfte Europa-Mitte, 1966–68 Befehlshaber der Gesamtstreitkräfte Europa-Mitte
Klammer, Franz (* 1953)	österr. Skiweltmeister und Olympiasieger
Koch, Marianne Dr. (* 1931)	Ärztin und Schauspielerin
Köchert	Traditionsreiche Wiener Juweliersfamilie
Krauss, Werner (1884–1959)	österr. Schauspieler

Leitenberger, Ilse (* 1919)	Redakteurin bei ›Die Presse‹, Wien
Mann, Thomas (1875–1955)	Schriftsteller
Minetti, Bernhard (* 1905)	Schauspieler
Miró, Joan (1893–1983)	katalan. Maler und Graphiker
Moissl, Richard (* 1914)	Lektor beim Otto Müller Verlag, Salzburg
Moritz, Herbert Dr. (* 1927)	Landesrat der Salzburgischen Landesregierung 1969–76, Landeshauptmann-Stellvertreter 1976–84, Minister für Unterricht, Kunst und Sport 1984–86
Müller, Otto (1901–1956)	Gründer und Inhaber des Otto Müller Verlags in Salzburg
Paumgartner, Bernhard (1887–1971)	Dirigent, Komponist und Musikforscher, Mitbegründer der Salzburger Festspiele (von 1960 an deren Präsident), 1917–38 und 1945–53 Direktor und 1953–59 Präsident des Mozarteums in Salzburg
Peyerl, Franz (1897–1967)	Landeshauptmann-Stellvertreter der Salzburger Landesregierung 1949–66
Peymann, Claus (* 1937)	Regisseur
Pollini, Maurizio (* 1942)	ital. Pianist
Popper, Sir Karl Raimund (* 1902)	engl. Philosoph österr. Herkunft
Raabe, Wilhelm (1831–1910)	Schriftsteller
Reich-Ranicki, Marcel (* 1920)	Publizist
Rubinstein, Arthur (1887–1982)	amerikan. Pianist poln. Herkunft
Salfenauer, Heinrich (* 1920)	Bürgermeister der Stadt Salzburg 1970 bis 1980
Schmied, Wieland Dr. (* 1929)	Professor, Direktor Berliner Künstlerprogramm/Dt. Akad. Austauschdienst, 1960–62 Lektor beim Insel Verlag

Schönwiese, Ernst Dr. (* 1905)	Professor und Schriftsteller, Abteilungsleiter des ORF-Landesstudios Salzburg 1945–54, 1972–78 Präsident des österr. PEN-Clubs
Shakespeare, William (1564–1616)	engl. Dramatiker und Dichter
Spiel, Hilde (* 1911)	österr. Schriftstellerin und Journalistin
Stifter, Adalbert (1805–1868)	österr. Dichter und Maler
Trakl, Georg (1887–1914)	österr. Dichter
Voss, Gerd (* 1941)	Schauspieler
Waldheim, Kurt (* 1918)	österr. Politiker und Diplomat, seit 1986 österr. Bundespräsident
Wessely, Paula (* 1907)	österr. Schauspielerin
Wittgenstein	wohlhabende österr. Adeslfamilie, u. a. Ludwig W. (1889–1951), Philosoph, und Paul W. (1887–1961), Privatier
Wolf, Hugo (1860–1903)	österr. Komponist
Zauner	Traditionsreiche Zuckerbäckerfamilie in Bad Ischl
Zuckmayer, Carl (1896–1977)	Schriftsteller

Thomas Bernhard im dtv

Foto: Isolde Ohlbaum

Die Ursache
Eine Andeutung

»Thomas Bernhard schildert die Jahre 1943 bis 1946, als er eine drückende, geistabtötende, zuerst nationalsozialistische, dann katholische Internatszeit erlebte … Wenn etwas aus diesem Werk zu lernen wäre, dann ist es eine absolute Wahrhaftigkeit.« (Frankfurter Allgemeine Zeitung)
dtv 1299

Der Keller
Eine Entziehung

Die unmittelbare autobiographische Weiterführung seiner Jugenderinnerungen aus ›Die Ursache‹. Der Bericht setzt an dem Morgen ein, als der sechzehnjährige Gymnasiast auf dem Schulweg spontan beschließt, sich seinem bisherigen, verhaßten, weil sinnlos erscheinenden Leben zu entziehen, indem er »die entgegengesetzte Richtung« einschlägt und sich im Keller, einem Kolonialwarenladen, eine Lehrstelle verschafft …
dtv 1426

Der Atem
Eine Entscheidung

»In der Sterbekammer bringt sich der junge Thomas Bernhard selber zur Welt, auch als unerbittlichen Beobachter, analytischen Denker, als realistischen Schriftsteller. Aus dem Totenbett befreit er sich, in einem energischen Willensakt, ins zweite Leben.« (Die Zeit)
dtv 1610

Die Kälte
Eine Isolation

Mit der Einweisung in die Lungenheilstätte Grafenhof endet der dritte Teil von Thomas Bernhards Jugenderinnerungen, und ein neues Kapitel in der Lebens- und Leidensgeschichte des Achtzehnjährigen beginnt. Bis schließlich sein Lebenswille die Oberhand gewinnt, bedarf es vieler schmerzhafter Erfahrungen.
dtv 10307

Ein Kind

Die Schande einer unehelichen Geburt, die Alltagssorgen der Mutter und ihr ständiger Vorwurf: »Du hast mein Leben zerstört« überschatten Thomas Bernhards Kindheitsjahre. »Nur aus Liebe zum Großvater habe ich mich in meiner Kindheit nicht umgebracht« bekennt Bernhard rückblickend auf jene Zeit.
dtv 10385

Das Programm im Überblick

Das literarische Programm
Romane, Erzählungen, Anthologien

dtv großdruck
Literatur, Unterhaltung und Sachbücher in großer Schrift zum bequemeren Lesen

Unterhaltung
Heiteres, Satiren, Witze, Stilblüten, Cartoons, Denkspiele

dtv zweisprachig
Klassische und moderne fremdsprachige Literatur mit deutscher Übersetzung im Paralleldruck

dtv klassik
Klassische Literatur, Philosophie, Wissenschaft

dtv sachbuch
Geschichte, Zeitgeschichte, Gesellschaft, Politik, Wirtschaft, Religion, Theologie, Kunst, Musik, Natur und Umwelt

dtv wissenschaft
Geschichte, Zeitgeschichte, Philosophie, Literatur, Musik, Naturwissenschaften, Augenzeugenberichte, Dokumente

dialog und praxis
Psychologie, Therapie, Lebenshilfe

Nachschlagewerke
Lexika, Wörterbücher, Atlanten, Handbücher, Ratgeber

dtv MERIAN reiseführer

dtv Reise Textbuch

Beck-Rechtsliteratur im dtv
Gesetzestexte, Rechtsberater, Studienbücher, Wirtschaftsberater

dtv junior
Kinder- und Jugendbücher

Wir machen Ihnen ein Angebot:

Jedes Jahr im Herbst versenden wir an viele Leserinnen und Leser regelmäßig und kostenlos **das aktuelle dtv-Gesamtverzeichnis.**
Wenn auch Sie an diesem Service interessiert sind, schicken Sie einfach eine Postkarte mit Ihrer genauen Anschrift und mit dem Stichwort »dtv-Gesamtverzeichnis regelmäßig« an den dtv, Postfach 40 04 22, 8000 München 40.

Claudia Erdheim
OHNEDIES HÖCHSTENS DIE HÄLFTE
Roman
199 Seiten, broschiert

„Noch nie ist knapper und gnadenloser dieser ganze postmoderne Muff der jetzt etablierten und der Politik entronnenen Akademiker um die 40 geschildert worden, die vor allem mit ihrer Karriere und ihren Neurosen kommunizieren. Und in allem waltet das böse, vercliquete und verklatschte Wien und die Einsicht in die unausweichlichen Notwendigkeiten von Isolation und Resignation."
Georg Eyring, DIE ZEIT

Erich F. Schweinburg
EINE WEITE REISE
Roman
380 Seiten, Pappband

„Bewegende, aufrührende Bilder, die Schweinburgs strenge und schonungslose Beobachtung erkennen lassen. (...)
Glasklar und unbestechlich sind die Schilderungen aus dem KZ-Alltag; (...)
Eine ähnlich aufwühlende Wirkung kennen wir meist nur von filmischen Dokumentationen."
Katrin Ammon, FRANKFURTER ALLGEMEINE

Josef Haslinger
WOZU BRAUCHEN WIR ATLANTIS?
Essays
240 Seiten, broschiert

Nach „Politik der Gefühle" Josef Haslingers zweiter Essayband zu Literatur, Politik, Phantasie und Wirklichkeit.

LÖCKER VERLAG
A-1010 Wien, Annagasse 3a